⊡ **O VALOR DO PROFESSOR**

Gabriel Perissé

LEITURAS
educadoras

autêntica

Copyright © 2023 Gabriel Perissé
Copyright desta edição © 2023 Autêntica Editora

Todos os direitos reservados pela Autêntica Editora Ltda. Nenhuma parte desta publicação poderá ser reproduzida, seja por meios mecânicos, eletrônicos, seja via cópia xerográfica, sem a autorização prévia da Editora.

EDITORAS RESPONSÁVEIS
Rejane Dias
Cecília Martins

REVISÃO
Marina Guedes

CAPA
Alberto Bittencourt

DIAGRAMAÇÃO
Guilherme Fagundes

Dados Internacionais de Catalogação na Publicação (CIP)
(Câmara Brasileira do Livro, SP, Brasil)

Perissé, Gabriel
　　Leituras educadoras / Gabriel Perissé. -- 1. ed. -- Belo Horizonte : Autêntica, 2023. -- (O valor do professor ; 4)

　　ISBN 978-65-5928-274-6

　　1. Educação 2. Ensino - Finalidades e objetivos 3. Professores - Formação I. Título. II. Série.

23-152121　　　　　　　　　　　　　　　　　　　　CDD-370.71

Índice para catálogo sistemático:
1. Professores : Formação : Educação   370.71

Aline Graziele Benitez - Bibliotecária - CRB-1/3129

Belo Horizonte
Rua Carlos Turner, 420
Silveira . 31140-520
Belo Horizonte . MG
Tel.: (55 31) 3465 4500

São Paulo
Av. Paulista, 2.073 . Conjunto Nacional
Horsa I . Sala 309 . Bela Vista
01311-940 . São Paulo . SP
Tel.: (55 11) 3034 4468

www.grupoautentica.com.br
SAC: atendimentoleitor@grupoautentica.com.br

Sumário

7 **Sobre a coleção**
O valor do professor

9 **Introdução**
Ler para ver

23 **30 palavras-chave para entender a importância da leitura**

25 Alfabeto
28 Analfabetismo
31 Apostila
34 Autoajuda
37 Autoria
40 *Best-sellers*
43 Biblioteca
46 Biblioterapia
49 Biografias
52 Clássicos
55 Dicionários
58 Editoras
61 Estilo
64 Etimologia
67 Fantasia
70 Feiras literárias
73 Gramática

76 Infância
79 Leitores
82 Letramento
85 Literatura
88 Livrarias
91 Livro
94 *Long-sellers*
97 Metáfora
100 Personagens
103 Poesia
106 Prosa
109 Tradução
112 Zeugma

115 **Conclusão**

118 **Bibliografia**

125 **Projeto da coleção**

Sobre a coleção
O valor do professor

Um dos maiores desafios da educação no século XXI está em formar e atualizar nossos professores, especialmente no que diz respeito à sua formação continuada. Além da formação inicial e da experiência própria, é necessário que todo docente reflita com frequência sobre sua prática cotidiana e que entre em contato com leituras que o ajudem a se aperfeiçoar como ser humano, cidadão e profissional.

Para que sua formação seja realmente continuada, a coleção O valor do professor apresenta 12 temas que o acompanharão durante 12 meses. Em cada volume, capítulos breves abordam questões relativas ao cuidado consigo mesmo, à pesquisa, à didática, à ética e à criatividade. São 30 capítulos, um para cada dia do mês, acompanhados por sugestões práticas e bibliografia para aprofundamento.

Em *Leituras educadoras*, a leitura frequente e variada é vista como exercício formativo fundamental para a vida docente. De fato, se não houver intimidade com a leitura, a ação dos professores se enfraquecerá e poderá perder boa parte de sua credibilidade. Soarão incoerentes, como é óbvio, suas recomendações para que os alunos leiam. Conforme afirma o antigo adágio, "ninguém dá aquilo que não tem", somente professores que gostam de ler (e gostam muito!) conseguirão estimular os estudantes a verem nos livros um convite ao prazer das descobertas, ao autoconhecimento, ao crescimento pessoal, à reflexão, à pesquisa, ao estudo. Se "a leitura é uma forma de felicidade", como pensava o escritor francês Michel de Montaigne, o único modo de averiguar tal verdade é abrir um livro... e ler.

Introdução
Ler para ver

A leitura é a base para aquisição de informação e de vocabulário, mas, sobretudo, é um dos melhores meios para ampliarmos nossa capacidade intelectual, para concebermos novas ideias, exercitarmos nossa memória, nossa imaginação.

Como ingrediente fundamental da formação docente, a prática da leitura oferece aos professores uma fonte contínua de conhecimento atualizado, repertório, exemplos, referências. Aprimora sua agilidade mental. Aumenta sua segurança em sala de aula. Confere credibilidade.

Podemos chamar de *leitores* e *leitoras* aqueles que têm o *hábito* de ler. Ter esse hábito é bom? Vale a pena desenvolvê-lo? Não seria o caso de elogiarmos a leitura sem torná-la obrigatória, compulsória?

A palavra "hábito" associou-se muitas vezes à rotina irrefletida, à inércia dos corpos já treinados. Quem tem o hábito de levantar-se cedo, por exemplo, estaria, de certo modo, "aprisionado" a um comportamento que se repete diariamente, sem criatividade, sem flexibilidade. A palavra "hábito" estaria também associada a costumes culturais de determinados grupos sociais, como o costume de tatuar-se, tomar café ou chimarrão com frequência, retirar o calçado ao entrar em casa etc.

O termo "hábito", porém, nos reserva outras possibilidades de sentido. Do ponto de vista da ética individual, refere-se à vontade de aprimoramento. "Hábito", etimologicamente, provém do verbo latino *habere*, "ter", "segurar", "possuir", "manter", "manter-se". Posso ter livros, possuir a capacidade de ler. E posso ter a mim mesmo como pessoa que quer ler. Posso manter-me numa situação em que a leitura faça parte do meu cotidiano como fruto de uma livre decisão.

Vemos aqui duas dimensões complementares.

Há uma dimensão material no hábito, que é a da posse dos livros. A necessidade de ter livros por perto. De montar uma biblioteca pessoal. De levar consigo um livro para diferentes lugares. Isso é importante. Os livros são objetos (muitas vezes carregados de beleza graças a uma capa bem concebida, a um projeto gráfico sugestivo, a boas ilustrações), dentro dos quais encontram-se coisas surpreendentes em forma de texto.

Mas há também uma dimensão existencial: eu me defino como alguém que gosta de ler, como alguém que se propõe a ler mais e melhor, como alguém que vê na leitura uma atividade capaz de propiciar crescimento e autorrealização.

Devemos conjugar essas duas dimensões. E devemos dar um salto do hábito-obrigação para o hábito-opção. Essa opção pressupõe compreensão e liberdade. O que devemos compreender com relação aos bens que a leitura nos proporciona?

A leitura nos oferece a chance de nos organizarmos por dentro: nossas ideias, emoções e recordações.

Ideias e ideais

As ideias são neutras? Ou deveriam ser? Se fossem neutras, bastaria acumulá-las e usá-las. Sem correr riscos. Sem gerar conflitos. Sem provocar transformações. Mas não é o caso. Nós convertemos as ideias em crenças, em cavalos de batalha (isto é, em argumentos fortes), em opiniões que defenderemos com unhas e dentes. Nossas ideias serão parte de uma ideologia, de um sistema de convicções, de uma forma de conduzir a vida.

Ideias não podem ser neutras, porque não somos seres neutros. Todos temos interesses, preferências, ojerizas, desconfianças, desejos, projetos. Nossas ideias brotam de vidas reais, e vidas reais, como dizia o poeta português Miguel Torga no seu poema "Livro de horas", são "charco" e "luar de charco". Somos filhos de Abel e de Caim, continua o poeta, somos anjos e monstros, possuídos pelas virtudes e pelos pecados, capazes de violência e de ternura.

Ideias tornam-se ideais, ou seja, ideias motivadoras, impulsionadoras de nosso comportamento. Há ideais que promovem o crescimento pessoal e coletivo. Há ideais que causam destruição e autodestruição.

O ideal que me motiva a escrever este livro é o ideal da leitura. Um ideal que, por sua vez, incentive você a praticar a leitura diária. Se a pessoa ler ao menos três páginas por dia de algum livro, terá lido noventa páginas ao final de um mês, um pouco mais de mil páginas ao final de um ano, o que corresponderia a ler quase integralmente clássicos como *Dom Quixote de La Mancha*, de Cervantes, ou ler duas vezes *Grande sertão: veredas*, de Guimarães Rosa.

Se ler três páginas por dia pode parecer um objetivo modesto, do ponto de vista qualitativo é uma conquista e tanto, pois consolida o hábito. É melhor ler um pouco a cada dia do que flertar romanticamente com a imagem ilusória de ser um devorador insaciável de papel impresso ou de conteúdo digital em forma de texto.

O ideal não é idealista, não tem nada a ver com devaneios. O ideal é uma proposta exigente, mas exequível, com os pés na terra. Dificilmente o sonho de ler tudo o tempo todo nos levará a encarar o pequeno (na verdade, o grande) desafio das três páginas diárias. O ideal, ao contrário, nos faz progredir passo a passo. Fortaleceremos nossa capacidade leitora graças a esse exercício despretensioso que, no entanto, está marcado pela ambição do aperfeiçoamento pessoal.

Há três tipos de leitura em relação às ideias.

Em primeiro lugar, a leitura que *não* transmite ideias ou não tem nem de longe essa intenção. Podemos designá-la de leitura tipo 1, leitura da distração, do divertimento, depois da qual permanecem na memória algumas imagens e sensações, não muito mais do que isso. Conheci um intelectual que, para descansar de seu intenso trabalho como professor, conferencista e escritor, nas horas vagas lia Georges Simenon, autor belga que escreveu mais de quinhentos livros, a maioria deles romances policiais. Lia Simenon em francês, para treinar-se no idioma. Descansava, aprendendo...

A leitura tipo 2 é aquela que *transmite* ideias. À medida que a leitura evolui, percebe-se que há argumentações em construção, teses sendo defendidas, há o objetivo mais ou menos explícito de convencer os leitores a respeito de algum tema. Esse tipo de leitura é fonte de citações. A leitura por divertimento dispensa o trabalho de sublinhar trechos, destacar frases, grifar. Aqui é diferente. A leitura que oferece ideias nos convida a colecionarmos citações: "toda citação é primeiramente uma leitura – assim como toda leitura, enquanto grifo, é citação". Aliás, essa citação sobre citação e leitura eu retirei do excelente *O trabalho da citação*, de Antoine Compagnon.

A leitura tipo 3 *provoca* novas ideias. Mas não o faz de modo unilateral. Requer uma deliberada recepção dos leitores. Pode se tratar de um livro de filosofia ou literatura, de teologia ou sociologia, ou pedagogia, ou psicologia, ou uma biografia, ou uma obra de divulgação científica. Na verdade, mais do que a área do conhecimento em jogo, esse tipo de leitura sempre sugere possibilidades que, reconhecidas e analisadas, exploradas e desenvolvidas, ativam a inteligência.

Podemos considerar como educadora toda leitura tipo 2, por transmitir ideias já existentes (certas ou erradas, isso não vem ao caso, agora). Nesse tipo de leitura, aprendemos uma infinidade de teorias: a teoria do filósofo-rei (Platão), a teoria do corpo-máquina (René Descartes), a teoria do melhor dos mundos possíveis (Gottfried Leibniz), a teoria da mais-valia (Karl Marx), a teoria do big bang (Georges Lemaître), a teoria do ato falho (Sigmund Freud), a teoria do inconsciente coletivo (Carl Jung), a teoria dos objetos eternos (Alfred North Whitehead), a teoria dos âmbitos de realidade (Alfonso López Quintás), a teoria do capital humano (Theodore Schultz), a teoria da aprendizagem significativa (David Ausubel) etc. Contudo, para além das teorias que possamos aprender, ao provocar novas ideias, a leitura tipo 3 impõe-se como leitura educadora em sentido pleno.

Além da apreensão e compreensão das ideias que os outros têm e disseminam, a leitura tipo 3 nos educa a pensar por conta própria e a viver de modo criativo. Essas expressões, "pensar por conta própria" e "viver de modo criativo", correspondem ao ideal educacional mais elevado – que cada pessoa se torne o melhor que possa ser.

A leitura inspiradora, tipo 3, desencadeia nos leitores e desencadeia em nós a capacidade de conceber ideias que, transformadas em ideais, nos ajudarão a reconfigurar nosso comportamento pessoal em nome de valores e princípios humanizadores.

Se essa leitura nos liberta e nos humaniza... a não leitura (o grau zero da leitura) pode nos idiotizar, condenando-nos ao mais profundo analfabetismo existencial. Nelson Rodrigues, na década de 1960, retratava esse analfabeto tragicômico: o sujeito nascia, crescia, casava-se, morria... e no seu túmulo pichava-se a seguinte inscrição: "Nunca pensou".

Emoções e sentimentos

As ideias, no entanto, estão conectadas às emoções e sentimentos. Nossa saúde emocional depende de nossa saúde intelectual, e vice-versa. É imprescindível, portanto, nomear e conceituar as dezenas de emoções que experimentamos e, por outro lado, impregnar nosso pensamento com a força das emoções.

Leituras educadoras podem nos formar como pensadores que sentem e como seres emotivos que pensam.

A filósofa Martha Nussbaum adverte num de seus livros, *Sem fins lucrativos*, que os sistemas educacionais, cada vez mais preocupados em produzir homens-máquinas úteis para a vida econômica de um país, deveriam, ao contrário, formar cidadãos íntegros que saibam exercitar o pensamento crítico e, ao mesmo tempo, compreendam o significado do sofrimento alheio, cultivando a compaixão.

A compaixão é uma emoção desprovida do egoísmo pragmático que rege nosso dia a dia, sobretudo nas tecnometrópoles. Se eu sinto compaixão é por uma pessoa concreta, e não por grupos e multidões, e não por ideias abstratas. A compaixão é uma "tristeza mimética", como definiu Olgária Matos. Uma tristeza que me faz transcender minha existência individual em direção a um outro ser humano que sofre. Saio de mim para sofrer com o outro e, de certo modo, tornar-me semelhante ao outro, tornar-me compreensivo, solidário, a fim de encontrar modos de convivência que eliminem ou minimizem esse sofrimento partilhado.

Nossas leituras despertam emoções, que, devidamente trabalhadas pela inteligência, tornam-se sentimentos valiosos e duradouros. Uma pedagogia das emoções nos conduziria a esse exercício: reconhecer as emoções, defini-las, escolher nomes para elas, acolhê-las, aceitá-las, contextualizá-las, encontrar um sentido para elas, aprender com elas, transformá-las em emoções funcionais, criar estados de ânimo que irão traduzir-se em palavras, gestos, ações, comportamentos.

O conhecido poema "O bicho", de Manuel Bandeira, escrito na década de 1940, atinge simultaneamente nossa mente e nosso coração:

Vi ontem um bicho
Na imundície do pátio
Catando comida entre os detritos.

Quando achava alguma coisa,
Não examinava nem cheirava:
Engolia com voracidade.

O bicho não era um cão,
Não era um gato,
Não era um rato.

O bicho, meu Deus, era um homem.

A rigor, será impossível realizar aqui apenas uma leitura tipo 1, de mero entretenimento. Em sua concisão máxima, o poema concentra nossa atenção numa cena em que há imundície, detritos, lixo. Em que há miséria, fome e degradação. Um ser humano reduzido a um vira-lata ou a um rato... provoca a reação de compaixão: meu Deus, aquele bicho é um ser humano! Aquele ser humano poderia ser eu...

O poeta não empregou nenhum adjetivo para caracterizar a situação degradante. Um homem qualquer, sem nome, sem identidade, reduzido a um bicho. Essa é a ideia principal a ser apreendida, e tal ideia está carregada de dor. Ao sentirmos a dor que o poeta sente (que o poeta finge sentir e deveras sente...), realizamos uma leitura educadora. Somos educados pela leitura no mundo da compaixão. Compaixão substantiva!

Há muitas outras emoções, como nos mostra o interessantíssimo *Emocionário*, de Cristina Núñez Pereira e Rafael Valcárcel. O livro se destina às crianças, mas (cá entre nós) talvez seja ainda mais necessário para a alfabetização emocional dos adultos. E uma de suas principais intuições é que as emoções estão entrelaçadas.

Uma remete às outras.

Uma puxa outra.

A ternura convida ao amor, o amor de repente torna-se ódio, o ódio alimenta a raiva, a raiva produz irritação, a irritação prolonga a tensão, e, quando tudo parece perdido... surge o alívio, e o alívio conduz à serenidade, a serenidade promete a felicidade, a felicidade abre as portas da alegria... até que por uma dessas portas entra a tristeza... e por aí vai.

A leitura tipo 2 nos introduz nesse maravilhoso universo das emoções. A leitura tipo 3, no entanto, nos brinda com uma viagem em nosso próprio microcosmo, para o nosso "infinito particular", como diz uma canção. O conhecimento genérico das emoções (leitura tipo 2) aprofunda-se então no autoconhecimento emocional (leitura tipo 3). A leitura educadora possui, assim, dois estágios: o estágio do saber algo que muitos já sabem (tipo 2) e o estágio do saborear pessoalmente o saber (tipo 3).

Lembranças e recordações

Mas para onde vão as nossas ideias quando não estamos mais pensando nelas? E para onde vão as emoções e os sentimentos que, no passado, experimentamos tão fortemente? E para onde vai tudo aquilo que aprendemos nas leituras que fizemos ao longo da nossa vida até hoje?

A filósofa espanhola María Zambrano escreveu certa vez uma frase curtíssima e iluminadora: "Somos memória". No contexto dessa afirmação, ela se referia à condição de uma cidadã exilada que descera aos infernos do desterro para resgatar o irrenunciável. Mais do que ter memória, devemos *ser* memória. Expatriados de algum paraíso perdido para o qual gostaríamos de retornar, seja este o suposto paraíso da infância, ou um grupo de amigos especiais, ou algum outro lugar do passado, devemos guardar em nós as lembranças determinantes, a recordação do que é fundamental, aquilo que nos identifica essencialmente.

Existe uma diferença real entre "lembrança" e "recordação"? Essa é uma pergunta típica de leitores atentos, interessados em aprender. À primeira vista, são dois termos com igual significado. Contudo, são palavras com histórias diferentes, perfis diferentes e diferentes alcances. Se, num dado momento de sua produção literária, um escritor escolhe "lembrança" em lugar de "recordação", ou prefere esta ao invés daquela, baseia-se em quê?

A palavra "lembrança" significa a própria memória (algo não me sai da lembrança), é um conteúdo da memória (guardo boas lembranças), é sinal concreto de algo inesquecível (determinada coisa me faz lembrar os tempos de criança), é um *souvenir*, presente simples (costuma-se dizer "uma lembrancinha").

Já "recordação", que também significa a memória, parece conter mais profundidade. Essa suspeita é confirmada pela etimologia. O elemento mórfico *cor(d)-*, do latim, indica que recordar é trazer de novo ao coração. O coração é o "lugar" da sensibilidade inteligente. Nietzsche, que, mais do que um filósofo, era um poeta romântico e um filólogo, um amante das palavras, encontrava também no coração a coragem de ser. Ser corajoso é ter coração, pensava ele (o que implica sentir medo também), é ter a coragem de sobrevoar o abismo, encarando o abismo com olhos de águia.

Ao ler com profundidade, com medo e coragem, com emoção e lucidez, voamos mais alto e, do alto, olhamos para os abismos humanos.

Para os nossos próprios abismos.

Num de seus poemas, perguntando-se sobre a passagem do tempo, Carlos Drummond de Andrade afirma que o tempo não passa "no abismo do coração", porque lá dentro "perdura a graça do amor, florindo em canção". Embora não seja esse um dos grandes momentos poéticos de Drummond, a ideia faz sentido: nos abismos habita uma espécie de eternidade ou de atemporalidade.

Nas profundezas do abismo, o tempo não passa e a realidade desdobra-se, multiplica-se, revela-nos. Lá está a nossa infância, intacta, com suas dores e alegrias. Lá está a Atlântida dos nossos sonhos. Lá está a Terra dos Cegos, onde as casas não têm janelas. Lá está a Cidade dos Buracos, cujo terreno parece um queijo suíço. Lá estão a ilha do Tesouro, Lilipute, o País das Maravilhas, a Terra de Oz e a Terra-Média. Lá está Utopia, para onde se dirigem todos aqueles que acreditam num mundo melhor. Lá está a ilha do Doutor Moreau, com seus homens-animais. Lá está Spectralia, uma ilha perdida no Pacífico em que todos os habitantes acreditam em fantasmas. Lá está Rossum, uma outra ilha em que foram criados os primeiros robôs do mundo. Lá está o Mar das Palavras Congeladas. Lá estão a Ilha dos Amores e Xanadu. Lá está Shangri-la. Lá estão Nárnia, Ruritânia e Planolândia. Lá estão todas as cidades invisíveis de Italo Calvino. Lá estão Pasárgada, o Sítio do Picapau Amarelo, o castelo de Hogwarts e o Reino das Fadas.

Esses lugares fantásticos (e há muitos outros, reunidos no *Dicionário de lugares imaginários,* de Alberto Manguel) nasceram de leituras tipo 3. Autores como Lewis Carroll, Camões, Rabelais e Jonathan Swift criaram outros mundos porque entraram nos mundos criados por outros autores. Para inventar novos mundos é preciso conhecer este nosso velho mundo e os mundos recriados de pessoas criativas.

Em suma, a leitura nos recorda que há abismos dentro de nós.

Abismos de curiosidade e criatividade.

Abismos sem fundo.

Necessidade e curiosidade

Em geral, duas grandes forças impulsionam os seres humanos: a necessidade prática e a curiosidade intelectual.

Quanto à leitura, há momentos em que predomina a necessidade. Lemos instruções que nos ajudarão a realizar uma tarefa. Lemos a bula de um medicamento para conhecer a posologia e eventuais contraindicações.

Lemos documentos por obrigação profissional. Se somos alunos em algum curso, dizem-nos que é necessário ler determinado texto, determinado livro.

A necessidade, na maior parte das vezes, vem de fora para dentro. Já a curiosidade provém de dentro para fora. Vem dos nossos abismos. É desses abismos que sobem perguntas, como as que intitulam os capítulos de *Uma história da curiosidade*, outro livro de Alberto Manguel: "o que queremos saber?", "como raciocinamos?", "como vemos o que pensamos?", "o que é a linguagem?", "quem sou eu?", "o que fazemos aqui?", "como podemos dar ordem às coisas?", "o que vem a seguir?", "o que é verdadeiro?" e mais esta, que é a curiosidade das curiosidades: "o que é a curiosidade?".

A leitura jamais conseguirá matar nossa curiosidade. A curiosidade é imortal. Todo o saber que possamos adquirir por meio da leitura não preencherá nossos abismos. O saber é apenas uma parte da vida, assim como a leitura é apenas um dos muitos caminhos de aprendizado.

No entanto, as leituras educadoras são imprescindíveis. Direcionam nossos olhos. Direcionam para dentro e para fora. Para o fundo do abismo e para as estrelas. Para os detalhes e para os grandes movimentos. Para as causas e para os efeitos. Para o poético e para o prosaico. Podemos chamá-las educadoras porque orientam nossa curiosidade e nos convidam a praticar o discernimento, evitando o mero diletantismo ou a cansativa dispersão.

A leitura é uma espécie de relacionamento com as palavras. Um relacionamento com altos e baixos, sujeito a acertos e equívocos, feito de concordância e desavença, de amor e traição, de decepções e fecundidade. A leitura também pode ser vista como um diálogo. Um diálogo que os leitores estabelecem com pessoas que não esperavam encontrá-los como seus concretos interlocutores.

A melhor forma de incentivarmos nossos alunos a praticarem esse relacionamento com as palavras e esse diálogo criativo com diferentes escritoras e escritores é lermos com frequência, é lermos com interesse autêntico, é dialogarmos abertamente com os textos, aprimorando o pensamento, a imaginação, a sensibilidade, a memória.

Ensinarei outras pessoas a valorizarem a leitura se eu valorizar a leitura.

O filósofo sul-coreano Byung-Chul Han conta, num de seus livros, que tem especial curiosidade acerca de palavras que lhe são estranhas, palavras com que nunca se deparou antes, em geral provenientes de ramos do conhecimento com os quais tem menos familiaridade. Quando as encontra, sente-se motivado a descobrir seu significado preciso. Delicia-se com essa busca. Experimenta um prazer único.

O prazer linguístico, decorrente do conhecimento de novas palavras, envolve algo mais.

Ao tentar comunicar esse prazer aos demais, com seu próprio texto, Byung-Chul Han nos ensina a aprender nos caminhos da leitura.

E ensinar é também, sempre, uma fonte de alegria.

30

PALAVRAS-CHAVE PARA ENTENDER A IMPORTÂNCIA DA LEITURA

Alfabeto

A palavra "alfabeto" nasceu da aglutinação dos nomes das duas primeiras letras do alfabeto grego: alfa e beta. A série de 24 letras continua (gama, delta, épsilon, dzeta...) até a última, o ômega.

Em português, alfabeto é sinônimo de "abecedário", destacando-se agora as três primeiras letras em nossa língua: á, bê e cê. Com a forma "abecê" ou simplesmente "abc" indicamos as primeiras noções da arte de ler e escrever, mas também de outras artes, técnicas e ciências.

No livro *ABC da literatura*, Ezra Pound, poeta estadunidense, volta ao ponto de partida do saber literário como se ele próprio estivesse iniciando seu trajeto como pesquisador e erudito. Seu intuito é indicar aos leitores os primeiros passos, levando-os com maestria às portas do conhecimento amplo e profundo.

O filósofo e matemático Bertrand Russell escreveu *ABC da relatividade*, uma das mais brilhantes obras de popularização científica já escritas. Sua preocupação era fazer com que os princípios básicos da teoria de Einstein fossem compreendidos pelo maior número possível de pessoas.

Mais um exemplo. Refletindo sobre seu próprio livro, *Das Philosophische ABC* [O ABC filosófico], o pensador alemão Frieder Lauxmann observa:

> *Este livro pretende encorajar os leitores a participarem de uma jornada ao longo de um ABC filosófico. O livro pode ser lido literalmente de á a zê, partindo de "Representação" [Abbild] até [Zynismus] "Cinismo", o que até faz algum sentido, se refletirmos bem. Por outro lado, talvez pareça um absurdo ter adotado aqui a ordem alfabética. No terreno da filosofia, porém, nenhuma relação é mera coincidência. Seja qual for a letra com que as palavras comecem, e levando em conta que em outros idiomas os termos estariam distribuídos de outro modo, o importante é perceber que, no mundo do pensamento, tudo está conectado com tudo. Esta percepção tem sido experimentada desde tempos imemoriais.*

Ir de á a zê significa ir do início ao fim, percorrendo todas as leituras possíveis e descobrindo o nexo existente entre tudo o que aprendemos.

"TUDO AO MEU REDOR É ALFABETO."

(Julia Kristeva)

Graças ao alfabeto, vemos os sons da fala. Ao escrever, materializamos o idioma com o qual acessamos nossas fontes de informação e de formação.

O alfabeto é uma tecnologia sociocultural, voltada para a expressão e para a comunicação. Alfabetizar-se é participar de um grande, variadíssimo e contínuo intercâmbio de ideias, emoções e valores, mediante esses sinais gráficos.

Tudo ao nosso redor torna-se alfabeto. As letras se organizam, e nossa mente se organiza com elas. Como ferramenta básica para montar e decifrar palavras, frases, parágrafos, textos, o alfabeto nos habilita a ler e interpretar o que alguém nos escreve e a escrever para quem nos lê.

Assim como um desenhista reproduz os objetos que vê com traços e cores, nós reproduzimos as palavras que ouvimos (ou nas quais pensamos e com as quais falamos), utilizando letras e sílabas. E assim cada um de nós poderá recordar como se deu a sua alfabetização, as dificuldades que enfrentou, a surpresa de ver os mais velhos extraindo significado desses "pequeninos desenhos chamados letras", como nos conta Frei Betto no seu *Alfabetto: autobiografia escolar*.

Também neste meu livro sobre leituras educadoras, os capítulos obedecem à ordem tradicional do alfabeto. "Alfabeto" intitula o primeiro capítulo; "zeugma", o último. Haverá uma relação entre essas duas palavras?

SUGESTÃO

Tenha sempre um dicionário por perto.

Analfabetismo

Uma das mais importantes pesquisadoras brasileiras no campo educacional, Magda Soares chamava a nossa atenção para o fato curioso de que poucas vezes ouvimos falar em "alfabetismo" (qualidade de quem foi alfabetizado) em comparação com "analfabetismo".

A palavra negativa surge com muito mais frequência do que a palavra positiva nos próprios estudos que se preocupam com a necessidade de alfabetizar. Sinal, talvez, de que, embora tenhamos avançado nessa batalha ao longo de um século, ainda existem muitos problemas a enfrentar.

As pesquisas indicam que, no Brasil de 1920, somente 20% dos nossos jovens e adultos eram alfabetizados. Em 1950, a taxa era de 50%. Em 1970, 70%. Em 1990, cerca de 80%. Em 2010, 90%. Em 2020, algo em torno de 95%.

Avanços, houve. Contudo, esses números não revelam a qualidade dessa alfabetização nem dão conta da complexidade do fenômeno. Apesar do esforço de escolarização, visando erradicar o analfabetismo absoluto, o analfabetismo funcional é um fato, provocando uma silenciosa exclusão social, profissional e cultural num mundo que exige proficiência em leitura interpretativa e domínio da escrita.

Segundo o Indicador de Analfabetismo Funcional, que mede os níveis de alfabetismo da população de 15 a 64 anos, um entre dez brasileiros e brasileiras é analfabeto em sentido estrito e dois são analfabetos funcionais. Estes sabem ler e redigir textos simples, mas não compreendem o editorial de um jornal ou o manual de instruções de um eletrodoméstico. Necessitam aprender na base da ordem oral.

> **"VOLTOU A ESTUDAR, POIS TINHA MEDO DE CHEGAR NO CÉU E NÃO CONSEGUIR LER AS PLACAS QUE INDICAVAM O CAMINHO A JESUS."**
> (Sérgio Vaz)

No grupo de sete funcionalmente alfabetizados, nem tudo é tão tranquilizador. Encontramos aqui três subgrupos: o elementar (três pessoas), o intermediário (três pessoas) e o plenamente funcional (uma pessoa).

O subgrupo elementar ainda tem algumas limitações para ler e escrever. Não consegue apreender, numa leitura, informações que fujam de seu contexto social mais restrito. Não sabe distinguir fatos de opiniões. Suas inferências, quando as faz, nem sempre são aceitáveis ou adequadas. Sofre para ler um livro até o fim. Considera-se incapaz de produzir textos mais longos.

No subgrupo intermediário, ainda encontramos pessoas com alguns bloqueios diante das demandas da sociedade letrada. Gostam de literatura, mas recuam diante de autores como Guimarães Rosa, Clarice Lispector, Saramago. Desejam estudar filosofia, contanto que esta seja devidamente "traduzida" em termos mais acessíveis. Escrevem com relativa facilidade, recorrendo, porém, a antigos chavões.

As pessoas que podemos considerar autenticamente alfabetizadas envolvem-se com desembaraço e criatividade em todas as atividades nas quais leitura e escrita são necessárias. Ler, para elas, é um prazer. Em geral, possuem uma boa biblioteca em casa e adoram comprar livros. Nos textos que produzem, sabem descrever com precisão, expressar-se com rigor e argumentar com originalidade.

É necessário fortalecer políticas educacionais para a diminuição do número ainda impressionante de analfabetos e semianalfabetos. Da nossa parte, como professores, além de conhecermos os métodos mais adequados para alfabetizar crianças, jovens e adultos, precisamos contribuir diretamente com a nossa prática de leitura.

Cria-se assim um círculo virtuoso: apaixonados pela leitura, incentivamos nossos alunos a serem leitores plenamente proficientes, e estes saberão incentivar novos leitores.

SUGESTÃO

Cuide de sua biblioteca pessoal, incorporando títulos de diversos campos do conhecimento.

Apostila

Em 1965, numa das páginas do *Jornal do Brasil*, o lendário jornalista e diplomata Nahum Sirotsky escrevia:

Não temos condições de alfabetizar toda a nossa população de um momento para o outro. [...] Nas escolas brasileiras os nossos filhos não são submetidos a um processo de desenvolvimento da inteligência e, sim, da memória. Eles não recebem uma formação tendente a desenvolver neles o espírito de iniciativa e, sim, o de improvisação. A escola força-os a estudar para as provas, não para aprender. [...] Ainda estamos na era das apostilas em que são resumidas as informações transmitidas pelo professor, essenciais ao sucesso nas provas parciais. O coeficiente de leitura é mínimo.

As apostilas serviam como material de apoio. Distribuídas em cópias simples, atendiam a uma necessidade prática. Facilitavam o estudo, substituindo a leitura direta dos livros e o esforço de análise e síntese dos alunos. Simplificavam o conteúdo das aulas, indicavam o que era importante decorar... e ponto-final. Em geral, tornavam-se papel descartável logo depois que as notas das provas e exames eram divulgadas.

A leitura de um livro propicia experiências de aprendizado mais ricas e duradouras. Exige compreensão, reflexão, avaliação crítica. Precisamos manter os livros ao nosso lado, para reler e aprofundar.

Se as apostilas serviam como instrumentos (ou muletas...), os livros eram e continuarão a ser um fim em si mesmos (ainda que sejam também valiosos instrumentos de pesquisa e estudo).

A investigação etimológica, contudo, nos remete a um entendimento mais positivo da palavra "apostila". Voltemos ao latim, que é sempre uma forma (não a única, certamente) de reencontrar um pouco da nossa própria história.

"SAIU DO *WORKSHOP* COM A APOSTILA CHEIA DE ANOTAÇÕES."

(Elisama Santos)

No latim escolástico, existia o advérbio *postilla*, que significava "em seguida". Em sua composição entravam dois elementos: a preposição *post* ("depois") e o pronome demonstrativo *illa* ("disso", "daquelas coisas"). Nas instituições de ensino europeias do século XIII, indicavam que "depois disso", depois de um determinado texto, acrescentavam-se anotações e comentários. A expressão completa era *"post illa verba auctoris"*, ou seja, "depois daquelas palavras do autor".

Essas anotações e comentários nasciam de uma leitura atenta de tudo o que se explicava antes. O responsável pelos acréscimos revelava-se um leitor capaz de tomar iniciativa, disposto a procurar esclarecimentos para si mesmo sobre o que lhe fora apresentado. Atuava, assim, como um coautor.

Em francês, até hoje, *apostille* é uma anotação feita ao lado, à margem ou ao final de um texto.

Ao recuperarmos o sentido mais antigo, originário, da palavra "apostila", descobrimos que há espaço para um novo compromisso com a nossa própria formação.

Escrever nas margens da página (de um livro que lhe pertença, é claro) confere à sua leitura o valor da coautoria.

Em *Como ler livros: o guia clássico para a leitura inteligente*, Mortimer Adler e Charles van Doren distinguem três tipos de anotações. As anotações que inspecionam a estrutura básica do livro; as que detectam conceitos, argumentos e hipóteses; e as chamadas anotações dialéticas, que versam sobre vários livros simultaneamente, estabelecendo um debate do leitor com diferentes autores e desses autores entre si.

SUGESTÃO

> Faça anotações que evidenciem a
> qualidade da sua leitura.

Autoajuda

Num de seus livros de autoajuda, *Agilidade emocional*, a psicóloga sul-africana Susan David critica uma autoajuda do passado, baseada numa forma meritocrática de pensar, que ainda insiste em "encarar a mudança do ponto de vista de metas elevadas e de uma total transformação" (em lugar dos pequenos ajustes cotidianos), ou em "tentar impor pensamentos felizes" (em lugar de compreender e acolher as emoções negativas).

Nesse sentido, caberia distinguir dois tipos de autoajuda. Uma "tradicional", mais voluntarista, baseada em comandos como "acredite que você pode ser um sucesso e você será", "faça a coisa certa e não a coisa fácil", "mesmo sentindo medo... vá em frente"; e uma autoajuda mais realista e flexível, influenciada pela psicologia contemporânea.

Um número imenso de livros classificados como autoajuda pode apenas alimentar o autoengano de seus leitores. Se eu já li dois, três, dez livros de autoajuda e continuo buscando novos títulos desse "gênero"... talvez precise de outro tipo de ajuda. E de outro tipo de leitura.

O mercado da "literatura" de autoajuda move muito dinheiro no mundo inteiro, mas não exatamente em razão do altruísmo. O ensaísta e humorista Christopher Buckley, comentando a produção autoajudística, escreveu: "A única maneira de ficar rico com um livro de autoajuda… é escrevendo um livro de autoajuda".

"NÃO PODEMOS CAPTURAR O AMOR, POR MAIS QUE OS LIVROS DE AUTOAJUDA TENTEM NOS CONVENCER DISSO."

(Niqi Thomas)

De certo modo, porém, todo livro escrito com alguma dose de sabedoria prática nos convida a repensar nossa maneira de agir e adotar novos comportamentos. Um certo tipo de filosofia antiga já exercia o papel de ajudar uma pessoa a se autoajudar.

São antológicos os conselhos de um pensador do século I como Sêneca, acerca do viver melhor e do ideal da felicidade. Numa passagem do seu pequeno tratado *Sobre a brevidade da vida*, recomenda que reescrevamos nossa história pessoal:

> Costumamos dizer que não estava em nosso poder determinar os pais que nos caberia, dados a nós pelo acaso; mas nos é possível nascer por nosso arbítrio. Existem as famílias das mais renomadas mentes: elege à qual desejas agregarte. Receberás não só seu nome, mas até seus bens, que não deverão ser guardados com mesquinhez e egoísmo; quanto

mais os compartilhares, maiores se tornarão. Esses pensadores é que te darão uma via para a eternidade e te elevarão até aquele plano do qual ninguém decai. Esse é o único meio de prolongar a condição mortal, e até mesmo de convertê-la em imortalidade.

Esta recomendação vale para todos os tempos. Para hoje também. E para nós. Ao escolhermos livremente nossos "pais" e "mães", um Guimarães Rosa, uma Lygia Fagundes Telles, uma Adélia Prado, um Machado de Assis... ingressamos em novas famílias, fazendo jus imediatamente a uma herança cultural e literária incomparável.

Em termos junguianos, autoajuda significa ativar nossos impulsos criativos. Graças à imaginação e à memória, damos novo sentido ao passado e projetamos com esperança um futuro possível, um viver melhor, não obstante os conflitos e impasses que se dão em toda existência.

Há fontes de renovação dentro de nós e precisamos acessá-las.

A leitura é um caminho nessa direção.

SUGESTÃO

Não tenha preconceitos de leitura.
Livros de autoajuda também
podem ajudar.

Autoria

O ato de escrever é material, em contraste com a noção imaterial de autoria. No entanto, são complementares. Ao corpo do texto ou do livro corresponde uma alma que lhe dá vida. E o corpo vivo oferece à pessoa que escreve a visibilidade da leitura.

Todo texto possui um autor ou autora, que se identifica com aquilo que escreveu. A autoria implica subscrever, assinar embaixo, assumir a responsabilidade pelas palavras escolhidas e os pontos de vista sustentados.

Leitores criativos, que dialogam com o texto, sublinham trechos importantes, fazem anotações, formulam perguntas, arriscam respostas, por vezes concordam com o que leem, por vezes discordam, são verdadeiros coautores, na medida em que identificam os temas fundamentais em jogo e fazem leitura interpretativa.

Atuando com espírito de autoria, os leitores adquirem uma autoridade específica.

Peçamos ajuda uma vez mais à etimologia. A palavra latina *auctoritas* ("autoridade") provém do verbo *augere* ("aumentar", "crescer", "criar"), que também redundou nas palavras "autor" e "autora".

Autores são aqueles cuja autoridade procede de sua capacidade de produzir, criar, fazer nascer, inventar, acrescentar, favorecer, promover, enriquecer. *Augere* é um verbo profícuo, que nos autoriza a ensinar e educar.

Uma antiga intuição associava *augere* a *autumnus* ("outono"), à época da colheita, ao momento em que aumenta a riqueza dos agricultores. Leitores maduros, que sabem cultivar a si mesmos, colhem os frutos saborosos da sabedoria. Colhem, alimentam-se desses frutos e os distribuem com generosidade entre outras pessoas.

Nossa leitura será fecunda, produtiva e nutritiva se cultivarmos nossa capacidade de entender o óbvio e ler nas entrelinhas.

Os dois objetivos não se opõem.

Detectar o óbvio é necessário. É o básico. Sem ele, perdemos o contato com o chão, o prosaico, o evidente. Perdemos o rumo. Ler o óbvio é não tirar os pés da terra. O significado óbvio é sempre o ponto de partida.

Ainda que o óbvio nem sempre seja tão evidente. Nelson Rodrigues dizia que só os profetas enxergam o óbvio.

"TOMEI BANHO, TROQUEI DE ROUPA, ALMOCEI E CONTINUEI COM MINHAS LEITURAS."

(Roberto Bolaño)

Para ler nas entrelinhas, precisamos estar abertos para o inesperado. Estabelecido o óbvio, driblamos a rotina, relemos o texto, aprofundamos as experiências que ele nos oferece, partimos do chão para novas alturas.

Seja um texto ficcional ou não, seja qual for o conteúdo, a imaginação participa do jogo da leitura, recuperando o processo criador daquele texto. Como se tivéssemos entrado numa sala escura e nossos olhos fossem lanternas, lemos por dentro das linhas, captando sentidos para além dos significados.

O significado tem a validade da evidência. Leio uma frase de Guimarães Rosa: "Amar é a gente querer se abraçar com um pássaro que voa". Está em seu livro *Ave, palavra*, uma bela composição de prosa e poesia. O significado óbvio é o desejo do impossível. Não podemos nos abraçar com um pássaro que voa. O significado nos puxa para a terra. O amor seria, portanto, um querer irrealizável?

O sentido, no entanto, ilumina quem o sente. O voo impossível representa justamente a essência do amor: sua transcendência. A irrealidade do sentimento amoroso é a sua inegável realidade.

SUGESTÃO

Abrace os livros. Eles são pássaros
que voam.

Best-sellers

A ideia que sustenta a necessidade de publicar um *best-seller* não tem complexidade alguma: "o melhor livro é aquele que vende mais".

Em torno dessa ideia carregada de pragmatismo, surgem livros que pretendem ensinar como fazer um *best-seller*. Livros que têm a pretensão de se tornarem novos *best-sellers*. Os títulos são sedutores: *Como escrever um romance* best-seller *em três meses... Como escrever um* best-seller *sem fazer esforço... Como escrever um* best-seller: *8 etapas simples e eficazes...*

Umberto Eco, autor de obras acadêmicas voltadas para um público seleto, escreveu, no entanto, alguns *best-sellers*. Em seu *Confissões de um jovem romancista*, conta um pouco dos bastidores do seu primeiro romance de sucesso:

> *Os primeiros críticos a resenhar O nome da rosa disseram que eu havia escrito o romance sob a influência de uma inspiração luminosa, mas que, dadas as dificuldades conceituais e linguísticas, só alguns felizardos poderiam gostar. Quando o livro alcançou um sucesso notável, vendendo*

milhões de exemplares, os mesmos críticos escreveram que, para conceber um best-seller *tão popular e divertido, eu decerto havia seguido mecanicamente uma receita secreta.*

Todos buscam a fórmula mágica. Ela existe? Um dos que afirmam possuí-la é o escritor alemão Horst Mehler, que lançou mais de 120 livros, dentre os quais podemos destacar *Como enriquecer no mercado imobiliário*, *Como vender seguros*, *Como prender o leitor com uma narrativa envolvente* e *Como escrever um* best-seller: *segredos, técnicas e fórmulas de sucesso dos autores mais vendidos.* Neste último, Mehler multiplica os conselhos:

Ofereça ao seu leitor um aperitivo para que ele se sinta mais faminto. Dê a ele uma prévia do que está para acontecer. Provoque-lhe a imaginação. Considere a imaginação do seu leitor como seu capital de giro. […] Você deve atrair seu leitor e fazer com que ele não queira mais largar o seu livro. O suspense é essencial, também num livro de não ficção. Toda informação deve ser cuidadosamente preparada, embalada e oferecida ao seu leitor. Isso garantirá que você mantenha vivo o interesse do seu leitor.

O mais interessante (quase assustador) é que esses conselhos… funcionam!

"PRECISAMOS DE DINHEIRO, E POR ISSO NÓS NOS VENDEMOS."

(Nick Srnicek)

Em *Como escrever um* best-seller *em 57 dias*, o dramaturgo italiano Luca Ricci relata as aventuras de quatro baratas e um escritor fracassado. O plano das baratas é produzir um *best-seller*, publicá-lo em nome do escritor, salvando-o da falência, da depressão... e do despejo.

Para além das cenas e diálogos hilariantes, há boas reflexões acerca do *best-seller*. Uma das baratas faz o acertado raciocínio:

> *Veja o caso de James Joyce. Embora tenha escrito o maior romance do século XX, uma espécie de manifesto literário que inclui psicanálise, teoria da relatividade e uma poética da crise, jamais escreveu um* best-seller. *O seu livro Ulisses, num certo sentido, é imprescindível. Impõe-se como um valor transcendente, como uma verdadeira obrigação. Um* best-seller, *ao contrário, não precisa ser lido. Não é algo que venha do alto, como as Tábuas da Lei.*

Eis o paradoxo.

Os clássicos imprescindíveis, inesquecíveis, são lidos por um número restrito de pessoas ao longo dos séculos. Os *best-sellers*, escritos para serem produtos de consumo imediato, destinados ao esquecimento, são lidos por muitíssima gente e não raramente garantem a sobrevivência das editoras.

SUGESTÃO

Observe: alguns *best-sellers* são bons... apesar de estarem na moda.

Biblioteca

Para o jornalista e ensaísta Jean-Philippe de Tonnac, quando uma grande biblioteca se perde, boa parte da memória da humanidade é cruelmente assassinada.

A imagem é um pouco exagerada (ou talvez não...); expressa o valor dos livros reunidos e organizados num só local aos olhos de uma comunidade de leitores conscientes da força transformadora da leitura.

Jorge Luis Borges, que chegou a ser diretor da Biblioteca Nacional de Buenos Aires, encarava as bibliotecas como lugares sagrados: "em toda biblioteca há espíritos; são os espíritos dos mortos que só despertam quando o leitor os busca". E, por outro lado, imaginava o paraíso como uma espécie de biblioteca.

É muitíssimo interessante e inspirador visitar bibliotecas de grandes escritores, que (não há outra possibilidade) foram também grandes leitores.

Na biblioteca pessoal de Nietzsche, por exemplo, encontramos livros com os quais ele dialogava e que certamente o influenciaram, tais como *Elogio da loucura*, de Erasmo de Rotterdam; *A conduta da vida*, de Ralph Waldo Emerson; *Reflexões ou sentenças e máximas*, de La Rochefoucauld; *Vidas e doutrinas dos filósofos ilustres*, de Diógenes Laércio; os romances *Safo* e *O nababo*, de Alphonse Daudet; livros do seu amigo Franz Overbeck; a obra de Platão, Eurípides, Isócrates, Píndaro, Horácio, Pascal, Rousseau, Goethe, George Sand, Jules Lemaître, Schopenhauer etc.

Outro grande escritor e leitor do século XIX: Machado de Assis. Nas estantes de sua casa acomodavamse tranquilamente Dante, Cervantes, Gil Vicente, Eça de Queirós, Almeida Garrett, Alexandre Herculano, Shakespeare, Edgar Allan Poe, Charles Dickens, Chamfort, Zola, Flaubert…

Uma instrutiva brincadeira bibliófila seria investigar as bibliotecas dos autores cujos livros aparecem em outras bibliotecas. Então, se o último autor mencionado no parágrafo anterior, dentro da biblioteca de Machado de Assis, foi Gustave Flaubert, seria o caso de irmos agora ao acervo deste romancista francês, no qual estão livros de George Sand, Zola, Daudet, Anatole France, Laurence Sterne…

Brincadeira sem fim, que daria pé a imaginarmos as longas horas de leitura prazerosa desses amantes dos livros.

"DE UM LADO, ESTAVAM OS ESCRITORES ALEMÃES E RUSSOS; DE OUTRO, OS LIVROS QUE EU USAVA PARA ESTUDOS SEMISSECRETOS."

(Lou Andreas-Salomé)

Podemos afirmar que somos aquilo que lemos? Serão os livros que guardamos em casa, que lemos e relemos, um retrato de quem nós somos? Ou uma pista sobre o que realmente pensamos?

Quando apreciamos um autor ou autora, é natural que nos perguntemos de que livros mais se beneficiaram, onde foram buscar ideias, inspiração. Foi o que fizeram James Stuart Bell e Anthony Dawson ao pesquisar a biblioteca do pensador irlandês C. S. Lewis. *Revelações do amor divino*, da mística inglesa Juliana de Norwich; *Confissões*, de Agostinho de Hipona; *A escravidão da vontade*, de Lutero; *A mente do criador*, de Dorothy Sayers; *Contos de Cantuária*, de Geoffrey Chaucer são alguns desses livros e, de fato, quem já leu C. S. Lewis reconhece que esses autores "sussurram" em sua obra.

Toda biblioteca pessoal é um fragmento da interminável Biblioteca que é, na visão de Borges, o próprio universo.

Participar desta visão em que os livros e a vida compõem uma só realidade significa, em termos práticos, criar, cuidar e cultivar a biblioteca doméstica, os livros que nos acompanham dia e noite.

SUGESTÃO

Mantenha sua biblioteca organizada.

Biblioterapia

A biblioterapia busca efeitos positivos no campo da saúde mental, a partir da leitura, mediante a qual a pessoa amplia sua consciência quanto ao sentido da vida. Certamente não se trata de uma terapia qualquer nem de um livro "terapêutico" qualquer. É preciso levar em conta o grau de maturidade do "paciente" e que tipo de "doença" o faz sofrer. Toda terapia requer um terapeuta capacitado a escolher os melhores procedimentos diante das circunstâncias concretas do indivíduo.

No caso de livros que tenham propriedades "medicinais" ou que sejam úteis como apoio terapêutico, há uma característica peculiar: o livro enquanto livro é o terapeuta! Um terapeuta rico em ideias e narrativas, em argumentos e sentimentos, em crenças e valores. E nós, leitores (pacientes ou impacientes), somos de certo modo também os responsáveis pelos efeitos terapêuticos que a leitura possa proporcionar.

Ao ler, vivemos experiências transformadoras. Na impossibilidade de mencionar todas, pensemos na experiência básica que realizamos com as próprias palavras.

As palavras atuam em nós pelo simples fato de serem palavras. Palavras precisas, que orientam. Palavras bem escolhidas, que iluminam. Palavras fortes, que tranquilizam. Palavras contundentes, que entusiasmam. Enfim, palavras que podem nos salvar do primarismo mental, dos medos profundos e das respostas automáticas. Do repetitivo. Do "repetitório", como inventou Carlos Drummond de Andrade.

Flaubert implicava com os lugares-comuns. Fazia listas de chavões. Incomodava-se quando alguém dizia que o calor estava… insuportável; que a concorrência… é a alma do negócio; que algo fechado estava… hermeticamente fechado. Queixava-se de quem defendia a teoria da conspiração mais famosa da época, pela qual os jesuítas estariam por detrás de todos os golpes e revoluções…

Essa ojeriza por lugares-comuns nos cura da falta de criatividade. Estimula nossa curiosidade vocabular. Desperta nosso senso crítico. Melhora nossa inteligência.

"A LEITURA DAQUELE LIVRO DE TOLSTÓI ME CUROU."
(Mahatma Gandhi)

Tradicionalmente, no âmbito da bibliologia (ciência da história e da composição material do livro), a biblioterapia era o tratamento aplicado a livros danificados pela passagem do tempo, pela ação de insetos ou por outros fatores.

A partir do início do século XX, porém, o termo sofreu uma progressiva guinada psicológica. O que antes tinha a ver com "cuidar dos livros" passou a significar "cuidar das pessoas por meio dos livros".

Um dos primeiros textos em que "biblioterapia" surge em referência à psiquê humana chama-se *Uma clínica literária*, do ensaísta estadunidense Samuel McChord Crothers. Esse texto foi publicado em 1916, na revista literária/cultural *The Atlantic*, que existe até hoje. E começava assim:

> *Outro dia, ao passar em frente à igreja que está sob os cuidados do meu amigo Bagster, vi uma nova placa na sacristia com os seguintes dizeres: "Instituto Bibliopático. Tratamento com livro por especialistas competentes. Dr. Bagster recebe pacientes com hora marcada. [...] Tratamento individual para homens de negócios cansados e para esposas cansadas de homens de negócios cansados. As mães cansadas poderão deixar seus filhos no berçário".*

O personagem desta crônica criara um serviço pioneiro de biblioterapia. Os livros poderiam ser em prosa ou em versos, românticos ou realistas. A única pergunta relevante era sobre o real valor terapêutico do livro. Para ele, atuasse o livro como estimulante ou sedativo, o importante era que ajudasse as pessoas de modo eficaz.

SUGESTÃO

Leia seus livros com a mesma responsabilidade com que toma seus remédios.

Biografias

Há quem considere impossível encontrar biografias confiáveis. A verdade biográfica seria inacessível, pois jamais alguém saberia com exatidão o que viveu uma outra pessoa, que pensamentos pululavam em sua cabeça, que sentimentos habitavam seu coração, que influências circulavam em suas veias, que mentiras contou aos outros e a si mesma.

Freud dizia que, ao falar de nós mesmos, tentamos enfatizar aspectos e fatos menos relevantes com a finalidade de desviar a atenção e manter o essencial (e talvez o vergonhoso) fora do alcance dos demais. Autobiografias, portanto, não seriam nada confiáveis.

Faz sentido que toda biografia contenha doses de engano por parte dos biógrafos. E é claro que existe algum tipo de autoengano por parte dos que escrevem sua própria biografia. Afinal, enganar-se é humano, em qualquer atividade. Contudo, não parece razoável desacreditar de modo absoluto o que boas biografias e autobiografias nos oferecem.

Entre os necessários "temperos" de uma biografia destaca-se a admiração. Para o bem ou para o mal, a personalidade retratada despertará elogios e críticas, aprovação e repulsa, desprezo e solidariedade. Por outro lado, há quem prefira cultivar uma admiração forte, mas "neutra", como o escritor francês André Maurois. Segundo esse romancista, as biografias deveriam trazer na primeira página a seguinte recomendação: "Não julgue!".

Uma vida que vale a pena tornar-se biografia precisa fornecer motivos. Precisa ter elementos dramáticos, cômicos, pitorescos, incomuns... e trágicos. Como escreveu o poeta Francisco Otaviano, quem passou pela vida em branca nuvem, quem não sentiu o frio da desgraça, quem porventura não sofreu... "foi espectro de homem, não foi homem, só passou pela vida, não viveu!".

Toda existência é feita de sucessos e fracassos, mas, no caso de certas pessoas, os fracassos são mais... rotundos e os sucessos mais... espetaculares.

Pensemos nas vidas de Marilyn Monroe, Villa-Lobos, Teresa de Ávila, Cristóvão Colombo, Leonardo da Vinci, Maomé, Cleópatra, Charles Darwin, Marie Curie, Frida Kahlo, Nelson Mandela, Helen Keller, Teresa de Calcutá, Mahatma Gandhi... vidas em que tédio não houve!

"PODEMOS DIZER QUE NOSSA BIOGRAFIA É O RELATO DE NOSSOS GOSTOS E ANTIPATIAS."

(Sara Ahmed)

Talvez uma forma de contornar enganos e auto-enganos seja olhar para os gostos e antipatias que uma pessoa cultiva, como sugere a escritora anglo-australiana Sara Ahmed. Conheceremos melhor as outras pessoas (e a nós mesmos), observando questões "menores", mas inescapáveis, em vez de nos concentrar apenas nos gestos extraordinários, nos grandes princípios e valores.

É revelador o que escreveu o neurologista Oliver Sacks no primeiro parágrafo de suas memórias:

> *Quando menino, no colégio interno para onde fui mandado durante a guerra, eu tinha uma sensação de aprisionamento e de impotência e ansiava por movimento e poder, por movimentos ágeis e poderes sobre-humanos. Podia senti-los, por curto tempo, quando sonhava que estava voando e, de uma maneira diferente, quando ia andar a cavalo no povoado perto da escola. Eu gostava da potência e da flexibilidade do meu cavalo e ainda lembro o seu movimento leve e jovial, o seu calor e o cheiro adocicado de feno.*

Relatos desse tipo iluminam os meandros de uma personalidade. Mais do que falar em termos abstratos, Oliver Sacks mostrava sua alma em carne viva cavalgando em busca da liberdade.

SUGESTÃO

Para compor seu retrato autobiográfico, leve em conta as coisas de que você gosta e as que você rejeita.

Clássicos

Há quem prefira ler os autores clássicos de tempos remotos por desconfiar da suposta superficialidade dos escritores atuais. Como dizia Chesterton, nos livros antigos sempre encontramos as novas ideias. Mas há quem prefira ler os contemporâneos, alegando que os autores do passado estão... ultrapassados.

As duas posições são válidas e incompletas. Devemos relativizar os exageros e encontrar soluções mais equilibradas, mais criativas, percebendo a qualidade real dos livros que vêm ao nosso encontro.

O cruzamento de possibilidades leva a identificar "clássicos contemporâneos", um José Saramago, uma Clarice Lispector, um Pablo Neruda, uma Marguerite Yourcenar, que escreveram no século XX, e a não esquecer os "clássicos de sempre", um Dante, uma Emily Brontë, uma Jane Austen, um François Villon, que escreveram do século XIX para trás.

Para a filósofa espanhola Irene Vallejo, os clássicos são grandes sobreviventes. Sobreviveram aos séculos, sobrevivem ainda agora e continuarão sobrevivendo no meio de um mar de irrelevâncias, pois atraem sempre nosso interesse, criando ao seu redor uma comunidade, para além dos gostos, ideologias e mentalidades.

Do ponto de vista de cada leitor, não há condição de nos apaixonarmos por todos os clássicos. É humanamente impossível. De Homero a Guimarães Rosa, de Ovídio a Virginia Woolf, há centenas e centenas de autores e autoras que seria muito bom podermos ler e reler. Mas "a vida é breve", já se queixava Hipócrates!

Uma vez que não podemos ler todos os clássicos do mundo, é imprescindível eleger os "nossos clássicos", como aconselhava Italo Calvino no seu livro *Por que ler os clássicos*, de 1991, que se tornou um clássico sobre como entender os clássicos.

"CLÁSSICO É UM LIVRO QUE TODO MUNDO QUER TER LIDO, MAS QUE NINGUÉM QUER LER."
(Mark Twain)

Esta citação de Mark Twain, transbordante de ironia, indica um fato. Ao escolhermos para a nossa leitura e releitura alguns clássicos dentre muitos, devemos fazer os esforços necessários para realizar essa tarefa de autoformação.

Os clássicos, precisamente por serem relevantes, por serem capazes de nos revelar em que consiste a condição humana, exigem uma dedicação especial.

Desejamos ter lido com proveito *Fausto*, de Goethe; ou já ter saboreado os mais de oito mil versos de *Os lusíadas*, de Camões; ou ter compreendido os ensinamentos que a pedagoga italiana Maria Montessori deixou em seus livros, dentre os quais destacam-se *Mente absorvente* e *Para educar o potencial humano*. A lista de desejos é longa!

O segredo está em concretizar esses belos desejos pouco a pouco, passo a passo, dia a dia! Transformar o desejar em querer.

Escolha um clássico do século XX sobre o qual você já ouviu falar várias vezes, mas nunca teve a oportunidade de ler. Crie essa oportunidade agora. Talvez com *O velho e o mar*, de Hemingway, que vai fisgar a sua emoção. Talvez com os poemas da mineira Adélia Prado, que conjugam cotidiano e transcendência. Talvez com *A metamorfose*, de Franz Kafka, em que vemos como se dá o relacionamento entre uma pessoa deprimida e sua família.

A experiência de leitura com esses clássicos mais próximos de nós lhe dará forças para, em breve, ir em busca de obras mais exigentes e mais complexas.

SUGESTÃO

> Aproveite a vida: reserve meia hora do seu dia para a leitura de um clássico.

Dicionários

Certa vez, um estudante do ensino médio viu um de seus professores folheando um dicionário. Perguntou-lhe que palavra procurava, mas, para sua surpresa, ouviu a seguinte resposta: "Não, não estou procurando nenhuma palavra específica; eu estou lendo o dicionário!".

Mais do que uma consulta, aquele professor estava fazendo uma autêntica leitura do dicionário, como se se tratasse de um livro como outro qualquer. Não queria apenas detectar a definição de um vocábulo em particular, mas descobrir palavras novas para antigos ou novos significados.

Habitualmente, os dicionários são encarados como ferramentas do trabalho intelectual. Sua finalidade, como produto lexicográfico, é informar o que significam, como se escrevem e como se pronunciam as palavras de determinado idioma.

O aluno, porém, acabara de descobrir um novo modo de abordar os dicionários. Além de compilar verbetes e ser um tira-teimas confiável, um dicionário revelava-se para ele (e, agora, para nós) como admirável repositório de conhecimentos.

Mais tarde, soube-se que aquele mesmo professor "colecionava" dicionários das mais diferentes temáticas. Em sua biblioteca pessoal havia dicionários bilíngues, trilíngues, dicionários de expressões idiomáticas, de provérbios, de citações, de ideias afins, de etimologia, de símbolos; havia dicionários de filosofia, de teologia, de psicologia, de estética, de arquitetura, de história, de política, de sociologia, de sexologia, de economia, de futebol; havia dicionários de termos literários, de personagens literários, de biografias, de mitologias, de fábulas, de superstições, de sonhos, de gírias e até um dicionário de insultos!

Dicionários temáticos elevam o mero consulente a outro patamar. Fazem dele um pesquisador aberto para novas possibilidades de sentido.

No *Dicionário de educação*, coordenado pela professora Agnès van Zanten, composto por 198 verbetes a cargo de 206 autores (na maioria franceses), somos apresentados a uma série de questões pedagógicas, como "avaliação", "comunidade educativa", "ensino a distância", "formação docente", "fracasso escolar", "motivação", "violência escolar", para citar algumas.

Na entrada "métodos de leitura" dessa obra, enfatizam-se as práticas pedagógicas comumente adotadas para a superação das dificuldades no aprendizado da língua escrita. São considerações inspiradoras para o nosso próprio aperfeiçoamento como leitores educadores.

"UM DICIONÁRIO É O UNIVERSO EM PEDAÇOS."

(Pierre Assouline)

Os obsessivos dicionaristas (e haveria algum dicionarista não obsessivo?) estão sempre burilando melhores definições para palavras já registradas. Como treinados perdigueiros, têm um faro infalível para os neologismos. Seus olhos não deixam escapar as inovações linguísticas dos escritores mais ousados. Seus ouvidos capturam, em conversas alheias, em programas de TV, em podcasts, acepções incomuns para termos de idade avançada.

No início de *Dom Casmurro*, o narrador – que recebera esse apelido como a confirmar que deixara de ser o antigo Bentinho – recomenda aos leitores que não consultem os dicionários: a expressão "casmurro" estaria sendo empregada, naquela narrativa, no sentido popular de "homem calado" e "ensimesmado", e não no sentido corriqueiro, entre os falantes mais cultos, de "teimoso" e "cabeçudo". De fato, que o refinado Machado de Assis nos aconselhasse a não consultar os dicionários é de uma ironia sem igual!

Todo dicionário nos leva a mergulhar em universos paralelos dentro do infinito universo da linguagem humana, com a qual devemos ter e manter uma profunda, saborosa, insaciável intimidade.

SUGESTÃO

Procure dicionários sobre seus temas preferidos.

Editoras

Em *O aparecimento do livro*, os franceses Lucien Febvre e Henri-Jean Martin comentam como, na Europa do século XVI, não era fácil distribuir livros. Dentre as maiores dificuldades contavam-se duas (contraditórias entre si), que ainda hoje dão dores de cabeça a tipógrafos, editores, livreiros e bibliotecários: os livros, em certo número, são difíceis de carregar, e, por outro lado, são mercadoria frágil que facilmente se estraga.

Ao mesmo tempo que o exemplar de um livro pode ser destruído rapidamente pela água, pelo fogo, rasgado com as nossas próprias mãos, desprezado e descartado... esse mesmo exemplar indefeso mostra possuir, quando junto a outros, uma presença e um peso que rechaçam a nossa manipulação.

As editoras comercializam esse produto perecível e imperecível, vulnerável e resistente, passageiro e duradouro. Um produto que, em formatos menores, pode caber no bolso, mas, na forma de grandes tiragens ou de acervo numa biblioteca, ocupa demasiado espaço e torna-se quase inamovível.

Conta-se que o editor e livreiro paulista José Olympio (estávamos em meados do século XX) exigia que seus empregados lavassem muito bem as mãos antes de empacotarem os livros a serem enviados por correio a clientes distantes. Um detalhe não pequeno, que revela o valor comercial, cultural e estético do livro.

Trabalhar numa editora, seja na área de editoração propriamente dita, seja nas áreas de vendas, divulgação, gestão administrativa, pressupõe cuidar dos livros como objetos preciosos. Pressupõe amar os livros. Amá-los como se fossem, mais do que objetos, seres vivos, eloquentes, capazes de influenciar a sociedade em que circulam.

"MEUS EDITORES AGUARDAM ESTE LIVRO, QUE DEMORO PARA CONCLUIR."

(Vivian Abenshushan)

Um livro é fruto de várias mãos criativas. Não depende apenas do escritor ou da escritora. O texto é trabalhado pelos preparadores de originais, revisores, diagramadores. E os capistas traduzem o conteúdo da obra para o olhar (e o deleite) dos futuros leitores.

Estima-se que um livro, em sua vida útil (cem... duzentos anos... talvez mais, talvez menos), passe pelas mãos de cinco a seis leitores diferentes. No seu pequeno, mas sugestivo *Dez mil: autobiografia de um livro*, Andrea Kerbaker assume a voz de um livro que enumera quatro donos: o Número Um (da "safra 1920", que faleceu), o Número Dois (um amante da filosofia), o Número Três (um roteirista de cinema) e o Número Quatro, leitor já em tempos de "modem, arrobas e torpedos".

Uma editora não é um lugar comum! A atmosfera é diferente. E o motivo está em que os livros ali gestados são fonte de energia. As palavras que se leem nos livros não são "inofensivas". Foram escolhidas literalmente a dedo. E tais palavras ativam nossa inteligência, provocam perguntas. Ativam nossa curiosidade. Ativam nossa imaginação, aprofundam nossa capacidade de inventar. Ativam nossas emoções e sentimentos. Essa atividade toda nos entusiasma e educa. Usufruímos dessa energia, que deseja expandir-se em nós e ao nosso redor. Aliás, a palavra "editar", proveniente do verbo latino *edere*, remete a várias noções ligadas a movimentos de vida e comunicação: "dar à luz", "publicar", "apresentar", "fazer ver", "soltar (um som)", "declarar", "anunciar". Editar é gerar vida e humanidade dentro de nós.

SUGESTÃO

Visite sites de grandes e pequenas editoras para conhecer e se familiarizar com seus catálogos.

Estilo

Os escritores e escritoras conquistam leitores por meio do estilo de seus textos. Ou, para dizer o mesmo de modo mais sintético: estilo cria leitorado.

O estilo "obscuro" de Heráclito atrairá leitores que apreciam essa obscuridade luminosa. O estilo marcado pela argumentação paradoxal de Chesterton atrairá leitores que se deliciam com argumentos paradoxais. O estilo intimista de Clarice Lispector atrairá leitores que se identificam com essa modalidade intimista.

Contudo, nada impede que ampliemos nossos gostos e preferências. À medida que vamos melhorando nossa capacidade de leitura, ganhamos discernimento e nos tornamos leitores potenciais de novos livros, com propostas e estilos diferentes, mesmo que tenham sido publicados há séculos. De fato, como dizia um livreiro carioca, "livro novo é aquele que você ainda não leu".

Stilus, em latim, designava o instrumento pontudo, geralmente de osso ou de ferro, com o qual se escrevia em tábuas enceradas. Esse modo trabalhoso de escrever variava de escriba para escriba. Assim, aos poucos, associou-se o "jeitão" físico de uma pessoa que realizava aquela tarefa manual ao modo peculiar de compor um texto, de expressar-se.

Num texto intitulado "Do meu estilo", o poeta e cineasta Jean Cocteau escreveu:

Ao me reler, com distanciamento, tenho vergonha somente dos ornamentos. Eles nos prejudicam, pois nos distraem de nós mesmos. O público gosta, fica cego com eles e negligencia o resto. Eu ouvi Charles Chaplin se queixar por ter deixado no seu filme Em busca do ouro a dança dos pãezinhos, que faz a alegria de cada espectador. Ele só via nessa cena uma mancha que atrai o olho. Eu também o ouvi dizer (a respeito do estilo ornamental) que depois de um filme ele "sacudia a árvore". É preciso, acrescentava ele, conservar apenas o que fica agarrado aos galhos.

Cocteau sabe que o que somos manifesta-se naquilo que fazemos (seja um poema, uma pintura, uma atividade esportiva, um filme ou uma aula), mas tem receio de praticar um estilo folhoso, exibicionista, com pouca substância. Sua autocrítica indica a necessidade de ser genuíno e despojado. A imagem da árvore sacudida é boa. Bons escritores saberiam "sacudir" o texto, dispensar o supérfluo, o inautêntico, deixando nele apenas os frutos que interessam e as folhas vivas.

"O ESTILO É A SUPREMA CORTESIA DO AUTOR PARA COM O LEITOR."

(Jean-Paul Sartre)

Em tese, quem realmente tem estilo cultiva um estilo próprio, somente seu, um estilo que os demais identificam de imediato. No entanto, trata-se de um estilo que, a partir de uma base natural, fisiológica, genética, desenvolve-se ao longo do tempo, recebendo todo tipo de influência externa.

Também ao ensinar, cada um de nós possui um estilo pessoal, resultado de algumas características inatas (como o tipo de voz, por exemplo), somadas à observação crítica dos professores que um dia conhecemos, à formação inicial e continuada, à experiência profissional cotidiana, à autoavaliação e, é claro, à leitura.

A leitura educadora nos motiva a agir de maneira mais consciente, cuidadosos com a linguagem, com os gestos corporais, com o modo de olhar, com a precisão conceitual.

Sentindo, na leitura, a presença secreta de personalidades criativas como um Guimarães Rosa ou uma Hilda Hilst (para citar dois clássicos brasileiros contemporâneos), com elas aprendemos a ser mais nós mesmos.

SUGESTÃO

Cite algumas qualidades profissionais que você adquiriu nos últimos anos.

Etimologia

O latinista espanhol Agustín Mateos Muñoz definia etimologia como a "ciência que estuda a verdadeira significação das palavras, mediante o conhecimento de sua estrutura, origens e transformações".

Outros estudiosos serão menos ambiciosos e mais prudentes. A filósofa argentina Silvia Magnavacca adota um tom mais sóbrio: "a etimologia é a disciplina que indaga a raiz da qual provém a significação de uma palavra".

Desde as reflexões de Platão no diálogo *Crátilo*, passando pelas especulações de Isidoro de Sevilha (século VII), pelos livros em que se misturam etimologia e "chutes", até os atuais sites etimológicos à nossa disposição (na web há pesquisas muito boas e ao mesmo tempo achismos irresponsáveis), percebe-se o desejo ancestral de decifrar todos os segredos da linguagem... o que é humanamente impossível.

Tudo o que diz respeito às nossas origens e raízes, incluindo a "invenção" da linguagem, está envolto pela nebulosa do passado.

A etimologia de "etimologia" remete ao termo grego *ethymología*, composto por *éthymos* ("origem", "fundamento") mais *logía* ("tratado", "estudo"). Contudo, como a própria etimologia nos ensina, o fundamento está no fundo profundo, longe dos nossos olhos e ouvidos. O fundamento das palavras antecede as próprias palavras. Uma "arqueologia" da linguagem almeja encontrar a *arché* (outra misteriosa palavra grega), o arcaico, o que está no início dos inícios como base e fonte de tudo. Sejamos realistas: nossas buscas serão sempre parciais e limitadas.

"A ETIMOLOGIA É UM TRABALHO DE RECUPERAÇÃO DO CORPO: NÃO SÓ DO CORPO DA PALAVRA, MAS DO NOSSO PRÓPRIO CORPO."

(Ivonne Bordelois)

Os melhores etimologistas reconhecem saber muito pouco sobre a história das palavras, tal como os historiadores perante os milhares de anos de presença humana na Terra. O que não significa dizer que estamos totalmente perdidos no escuro.

E sempre há espaço para um pouco de inspiradoras brincadeiras, como nos livros que eu e a escritora Ana Lasevicius publicamos: "ladrão" não tem nada a ver com "ladrar", "campeão" não foi o primeiro peão do jogo de xadrez a vencer o rei, e "helicóptero" não veio do nome científico do mosquito gigante chamado *Helicopterus luminosus*, que voava ao redor das lâmpadas.

Quanto à origem de palavras no campo da pedagogia, Luis Castello e Claudia Mársico, em *Oculto nas palavras*, compuseram um pequeno, mas abrangente dicionário de palavras usuais na prática docente. De onde provêm as palavras "aluno", "estudante", "docente", "escola", "universidade", "planejamento", "exame", entre outras? O "oculto" das palavras mais corriqueiras no ambiente escolar e universitário vem à tona, sugerindo que prossigamos na pesquisa.

A palavra "sala", em relação à sala de aula, remonta ao termo *sal*, do germânico (ramo linguístico do qual provieram o alemão, o inglês e o holandês). *Sal* era espaço de uso múltiplo, onde se podia organizar uma festa, hospedar visitantes ou... dar aulas.

"Orientar", noção fundamental na tarefa docente (somos todos, afinal, orientadores de nossos alunos), deriva do verbo latino *oriri* ("surgir", "aparecer"), em conexão com o oriente, isto é, com o lado do horizonte em que o sol aparece. Orientar é mostrar de onde vem, metaforicamente falando, a lucidez e a clareza.

SUGESTÃO ▬▬▬▬▬▬▬▬▬▬▬▬▬▬▬▬▬▬▬▬▬▬▬

Recorra à etimologia para encontrar as raízes do conhecimento.

Fantasia

A inteligência vista como fantasia é criadora, explica Gianni Rodari, no livro *Gramática da fantasia*. Profundo conhecedor da arte de escrever para crianças, esse poeta e escritor italiano defendia a importância da criatividade na educação:

> *"Criatividade" é sinônimo de "pensamento divergente", isto é, de capacidade de romper continuamente os esquemas da experiência. É "criativa" uma mente que trabalha, que sempre faz perguntas, que descobre problemas onde os outros encontram respostas satisfatórias (na comodidade das situações onde se deve farejar o perigo), que é capaz de juízos autônomos e independentes (do pai, do professor e da sociedade), que recusa o codificado, que remanuseia objetos e conceitos sem se deixar inibir pelo conformismo.*

A fantasia é impulso literalmente fantástico na busca do conhecimento. Por meio de narrativas, histórias, contos, alcançamos diferentes aspectos da realidade. As fábulas, em concreto, esses pequenos relatos de fatos puramente imaginados para serem aplicados a determinado tema, são uma das formas mais antigas de nos fazer compreender questões relevantes para a arte de viver.

Ao ler a fábula de Esopo, em que a raposa faminta diz que são azedas as deliciosas uvas que não consegue pegar, imagino uma pessoa (e imagino a mim mesmo) mostrando súbito desinteresse e desdém por algo ardentemente ambicionado.

Mas… e se nós mesmos déssemos agora novas versões a essa fábula?

A raposa olhava fixamente para as belas e inatingíveis uvas. Uvas azuis e maduras. Salivava ao imaginar o sabor daqueles gomos. Pulava, tentando abocanhar alguns, mas só mordia o vazio. Por fim, decidiu declamar um poema, intitulado "Louvação às uvas":

Uvas belas, belas uvas,
sois tão doces no pomar!
Faça sol ou faça chuva,
meu desejo é louvar
teu aroma e tua cor,
tua forma e teu frescor!
Uvas belas, belas uvas,
eu vos dou o meu amor!
Faça sol ou faça chuva,
nem me lembro desta dor
da fome que me consome,
uvas belas, belas uvas!

"A FANTASIA É A MÃE DE TODA POESIA, E DE TODA HISTÓRIA."

(Theodor Mommsen)

Em outra possível versão, a raposa dirige-se às uvas:

— Prezadas amigas uvas, que belo dia, não é?
— Sim, sim e sim — elas responderam em uníssono, cheias de alegria.
— Que pena não poderem passear neste belo pomar. Que infelicidade estarem presas nesse cacho intransigente. Contudo, que sorte a de vocês! Eu poderei tirá-las da prisão! Joguem-se aqui na minha boca e eu as levarei comigo!
— Não, não e não — elas responderam.
— Ingratas! Azedas! Tomara que apodreçam aí em cima!

Fantasia e mentira não se equivalem.

A mentira é aparência de verdade a serviço do engano e do autoengano. A fantasia é uma nova verdade a serviço da consciência.

A mentira oculta a realidade e cria o vazio. A fantasia preenche o vazio com novos modos de ver a realidade.

A mentira cultiva o egoísmo. A fantasia semeia a alegria.

A mentira desumaniza. A fantasia educa.

SUGESTÃO

Todas as vezes em que ouvir uma
história, invente novas versões.

Feiras literárias

Ao conversar sobre os bastidores da Feira do Livro de Frankfurt – principal evento do mercado livreiro, que se realiza desde 1949 –, Umberto Eco relata, no livro *Não contem com o fim do livro*, uma história estranha e divertida, sobre a invenção de um autor que irá se chamar Milo Temesvar.

Temesvar não existe, nunca existiu, mas passa a existir quando os editores começam a acreditar que ele existe. Umberto Eco apaixonou-se por Temesvar:

Desde essa época, Milo Temesvar tornou-se importantíssimo para mim. Escrevi um artigo que era a resenha de um livro de Temesvar, The Patmos Sellers, supostamente uma paródia de todos os mercadores de apocalipse. Apresentei Milo Temesvar como um albanês que tinha sido expulso de seu país por revisionismo de esquerda! Ele tinha escrito um livro inspirado por Borges sobre o uso dos espelhos no jogo de xadrez. Para sua obra sobre os apocalipses, eu chegara inclusive a propor um nome de editor que era manifestamente forjado. Eu soube que Arnoldo Mondadori, na época o maior editor italiano, mandara recortar meu artigo, sobre o qual anotara, em vermelho: "Comprar esse livro a que preço for".

Esta breve anedota mostra como uma feira literária pode ser emocionante. Nela, reúnem-se escritores, leitores, professores, editores, divulgadores, vendedores. Existe o componente comercial, não há dúvida, mas circula entre os participantes um sentimento secreto, uma ideia de fundo: é em torno do livro (quase objeto sagrado) que todos ali trabalham.

A palavra "feira" vem do antigo latim *feria*, no sentido de "dia festivo". Em dias festivos, cessavam os trabalhos e recordava-se a presença dos deuses entre nós. Daí a noção de "feriado", dia consagrado ao repouso para lembrar o que é divino. Mais tarde, no latim vulgar, a palavra passou a significar também "mercado", "feira". Um dia de festa religiosa era perfeito para diversas formas de comércio; as pessoas estavam livres dos afazeres cotidianos.

Toda feira literária conserva esse espírito festivo, em que o livro é celebrado como valor cultural que nos humaniza.

Num local em que festejamos os livros, comemoramos a criatividade literária, o prazer da leitura, o "ócio da Poesia", como dizia o escritor e dramaturgo Ariano Suassuna. Ou, de maneira mais filosófica, o "ócio da detenção considerativa", nas palavras de Heidegger.

"TODA FEIRA LITERÁRIA É UMA VITRINE DOS NOSSOS SABERES E ESPERANÇAS."

(Ramón Medero)

As feiras literárias nos põem em contato com a produção, promoção e circulação do livro, questões que devem nos interessar do ponto de vista educacional.

A produção envolve a formação e o incentivo aos escritores. A literatura renova as palavras de um idioma. Porque trabalham diretamente na linguagem, os escritores ativam conceitos e ideias que foram talvez esquecidas. Precisamos também de escritores que produzam uma literatura capaz de dar um testemunho do seu tempo, como insistia Lygia Fagundes Telles. A escola, entre outras atribuições, forma jovens escritores.

A promoção do livro começa no âmbito da família. Continua na escola. Extrapolando para a sociedade. Cabe-nos promover o livro. Elogiar o livro. Sempre.

E a circulação do livro. Comprar, emprestar, indicar livros. Dar livros de presente. Fazer os livros circularem entre nossos familiares e amigos, nas comunidades, nos diferentes espaços de convivência.

SUGESTÃO

Incentive a realização de feiras literárias em sua cidade.

Gramática

Há colecionadores de dicionários e há colecionadores de gramáticas. Neste segundo caso, a palavra "gramática" é tomada em sentido amplo. Não somente como conjunto de regras e prescrições em relação ao uso correto da língua escrita e falada, mas como uma reunião de princípios que regem uma arte, uma ciência, um modo de vida etc.

O livro *Gramática da fantasia*, de Gianni Rodari, que citei há pouco, apresenta técnicas para a criação de histórias e personagens. O autor estabelece uma diferença entre a gramática *sui generis* que ele elaborou e as "gramáticas normais", em que a fantasia teria menos espaço. Ambas, porém, são gramáticas.

No início de *Gramáticas da criação*, o sempre habilidoso e sutil George Steiner define gramática "como a organização articulada de uma percepção, uma reflexão ou uma experiência". Isso significa que essas três dimensões do processo criativo do conhecimento humano estão em diálogo constante, manifestando-se na linguagem literária, na linguagem matemática, na linguagem da música, em todas as linguagens.

O não menos habilidoso filósofo e linguista búlgaro Tzvetan Todorov intitulou de *A gramática do Decameron* uma análise do discurso literário, em que se admite uma estrutura universal a todos os idiomas. Além disso, pressupõe-se que todos os relatos de Boccaccio em *Decameron* (uma obra-prima do século XIV) estão sempre em comunicação com relatos anteriores ou paralelos. Tudo se relaciona.

Entre as gramáticas convencionais, há edições com diferentes propósitos e propostas.

Mais do que expor as leis do "certo ou errado", a *Gramática Houaiss da língua portuguesa*, de José Carlos de Azeredo, enfatiza "o dom da palavra como traço singular da espécie humana". Tem uma pretensão quase filosófica, mas, sobretudo, beneficia-se da prática do autor como docente. Gramática didática, ensina a pensar sobre como falamos e escrevemos.

"A GRAMÁTICA NOS PROPORCIONA INFORMAÇÕES SOBRE OS PRESSUPOSTOS INTELECTUAIS SUBJACENTES A UM SISTEMA DE CRENÇAS E UM MODO DE VIDA."
(José Antonio Marina)

A *Nova gramática do português brasileiro*, de Ataliba T. de Castilho, volta-se para a língua portuguesa no Brasil em contraste com o português europeu. Fascinado com "o milagre da compreensão mútua por meio de tão poucos sons e letras, e de tão escassas palavras e construções", o autor investiga, por exemplo, minissentenças, como "Esse menino!", "Ei, você aí!", "Eu primeiro", "Difícil, cara!", as quais, embora o verbo se ausente (ou esteja invisível), garantem que nos comuniquemos normalmente.

Outra gramática que vale a pena conhecer é a *Gramática pedagógica do português brasileiro*, de Marcos Bagno, na qual aborda-se com rigor o que há de específico em falas e textos contemporâneos. Ao explicar os pressupostos de seu trabalho, Bagno esclarece que não faz ciência "neutra". Sua obra "milita a favor do reconhecimento do português brasileiro como uma língua plena, autônoma, que deve se orientar por seus próprios princípios de funcionamento".

Dentre os linguistas brasileiros que compuseram gramáticas, devemos mencionar ainda Maria Helena de Moura Neves. As quase 1.400 páginas de sua *A gramática do português revelada em textos* revelam, além de tudo, conhecimento de autores como Padre Antônio Vieira, Guimarães Rosa, Nélida Piñon e Rachel de Queiroz, cuja leitura nos familiariza com os grandes segredos gramaticais.

SUGESTÃO

Aprenda a amar as gramáticas.

Infância

Precisamos olhar para a infância sem romantizá-la, a exemplo dos doces versos de Casimiro de Abreu sobre a "infância querida", durante a qual bananeiras, mangueiras e laranjais compunham um cenário risonho, inefável. Cultivar tal visão, cheia de nostalgia, é refugiar-se num passado supostamente paradisíaco, tentando esquecer as solicitações da vida em sociedade, as exigências e desafios da realidade presente.

Ao mesmo tempo, as palavras de Maria Montessori em seu livro *O segredo da infância* fazem pensar:

> *A infância vem ao mundo trazendo novas energias que, na verdade, deveriam constituir o sopro regenerador capaz de dissipar os gases asfixiantes acumulados de geração em geração durante uma vida humana cheia de erros.*

Esse poder renovador da infância não se dá automaticamente. Se a criança representa, de fato, uma promessa de positivas possibilidades para a família, para a sociedade, para a história humana, sua vulnerabilidade é total, e por isso precisamos cuidar da vida infantil, protegê-la da solidão, do abandono, da pobreza, do abuso, da violência, da fome, da morte.

Os cuidados para com a criança são inicialmente da responsabilidade dos seus pais e entorno familiar. O bebê, como explica Laura Gutman, necessita ficar uma boa parte do tempo nos braços da mãe ou de alguém que a substitua. Necessita ser alimentado, protegido, tocado, até mesmo apertado, como há pouco se sentia no útero da mãe. As vivências uterinas lhe proporcionavam segurança: o contato permanente e carinhoso com um corpo que o acolha é fundamental.

À medida que a criança cresce, grande parte da proteção de que ela precisa passa a depender de creches e escolas devidamente equipadas, de um bom serviço público de saúde (vacinas, acompanhamento pediátrico) e, sem dúvida, da atuação de professores e pedagogos capacitados.

"LEMBRO-ME DA MINHA INFÂNCIA COMO UM PARAÍSO QUASE INSUPORTÁVEL DE TANTA FELICIDADE."

(Vivian Abenshushan)

O jornalista e escritor britânico Graham Greene demonstrava, em sua obra, uma enorme preocupação pela infância. Preocupava-se com esse tema por uma razão óbvia, mas nem sempre evidente em sua concretude: a existência de um ser humano adulto, entremeada por sofrimentos, alegrias, fracassos, conquistas, é determinada fortemente por seus primeiros anos de vida.

No ensaio "A infância perdida", Greene afirma que o escritor criativo percebe seu mundo de uma só vez e para sempre na infância e adolescência. A partir de então, sua carreira literária consistirá em ilustrar este mundo privado, compartilhando-o com todo e qualquer leitor.

No mesmo ensaio, falando agora do ponto de vista dos leitores (que poderão se tornar escritores...), ele diz:

> *Talvez somente na infância os livros exerçam uma influência profunda em nossas vidas. Mais tarde, vamos admirá-los, divertir-nos com eles, poderemos modificar nossos critérios por causa de alguma leitura, mas o mais provável é que, na fase adulta, encontremos nos livros tão somente a confirmação do que já ocupa a nossa mente.*

Segundo Greene, até os 14 anos de idade, todos os livros que lemos influenciam nosso futuro. Marcam nossa sensibilidade. Criam em nós uma visão pessoal da realidade.

SUGESTÃO

As sombras da infância existem, mas você pode recuperar as lembranças que a iluminam.

Leitores

Leitores formam leitores.

Educadores que se formam mediante a leitura formam novos educadores que acreditam na prática da leitura educadora.

Uma leitura puxa outra, um autor sugere outro. Daniel Pennac, por exemplo, é um bom nome para quem deseja estudar o papel da leitura na formação humana. E autores que citam Pennac provavelmente saberão dizer coisas tão interessantes, ou mais, do que as coisas interessantes que Pennac nos diz.

No livro *Como um romance*, publicado na França em 1992, Pennac apresenta e defende os direitos do leitor. Não são direitos literariamente corretos, ou academicamente corretos, ou mesmo pedagogicamente corretos. Mas isso é o de menos. Aos olhos do autor, ler livros é livrar-se. Livrar-se até mesmo da pressão escolar exercida por professores apaixonados pela leitura. Livrar-se, como nos versos do professor e poeta Georges Perros:

Se minha poesia lhe pesa
embora tão leve e flutuante

desse peso se desapegue
lançando o meu livro ao vento.

Os direitos paradoxais do leitor, segundo Pennac, são: o direito de não ler, de pular páginas, de não terminar um livro, de reler, de ler qualquer coisa, de ler identificando-se com os personagens, de ler em qualquer lugar, de ler uma frase aqui e outra ali, de ler em voz alta... e o direito de calar.

O direito de calar adquiriu um valor ainda maior nas últimas décadas. Nem tudo precisa ser comentado, criticado, elogiado, analisado, nem devemos nós ser obrigados a fazer comentários a respeito de tudo. Ler e calar, para refletir, para meditar, para deixar que a leitura cale fundo, alcance o nosso âmago, a nossa intimidade, transformando-se o livro, ele próprio, num educador para nós.

Os direitos do leitor pressupõem, certamente, um primeiro e fundamental direito, que é o de aprender a ler, e ler com prazer.

"ENTÃO A VOZ DISSE: SOU UMA LEITORA SUA E QUERO QUE VOCÊ SEJA FELIZ. PERGUNTEI: COMO É SEU NOME? RESPONDEU: UMA LEITORA."

(Clarice Lispector)

O pedagogo Alex Quigley, leitor de Pennac, vem pesquisando com profundidade a arte de ler no âmbito escolar. Em seu livro *Closing the reading gap*, sugere diversos modos de, justamente, diminuir essa distância, essa lacuna, entre alunos e livros. Mais ainda, o autor acredita que podemos fazer com que os estudantes descubram o poder e a beleza da leitura se nós também, professores, cuidarmos das nossas eventuais lacunas em três pontos: compreensão, fluência e fôlego.

Para desenvolver a compreensão, uma estratégia proveitosa é dialogarmos com pessoas que conhecem, talvez melhor do que nós, os mesmos textos e livros que já lemos. Nessa troca de impressões, aperfeiçoamos nossa opinião.

Quanto à fluência, importante frisar que não se trata de ler com velocidade. A rapidez não é um valor em si. Ler fluentemente implica destreza, sem que esta prejudique a compreensão. Como obter fluência? Lendo todos os dias ao menos durante uma hora.

Fôlego tem a ver com persistência. Avançando diariamente na leitura de um livro, passo a passo, parágrafo a parágrafo, como numa corrida de longo percurso, sem perder o foco, fazendo anotações, elaborando interpretações, fortaleceremos nossa "musculatura" intelectual.

SUGESTÃO

É um dever exercitarmos nossos direitos de leitores.

Letramento

Vários estudos nas áreas da pedagogia, da sociologia e da economia já demonstraram os vínculos indissolúveis entre leitura, alfabetização, letramento, saúde, qualidade de vida, empregabilidade e bem-estar.

Em relação ao letramento, é necessário mencionar o livro de Magda Soares, *Letramento: um tema em três gêneros*. Nele, a autora ressalta que letramento implica que a pessoa se *aproprie* da leitura e da escrita, para além do fato de ter aprendido a ler e escrever.

O verbo "apropriar-se" inclui o ato de codificar em língua escrita (isto é, escrever) e de decodificar a língua escrita (isto é, ler), mas indica algo mais abrangente. Apropriar-se é assumir ativamente, como algo próprio, a leitura e a escrita. Em outras palavras, a pessoa letrada (não no sentido de quem possui erudição literária, mas no sentido pedagógico) é capaz de responder adequadamente às exigências sociais de leitura e escrita.

Que exigências sociais?

As diversas exigências do dia a dia. Exigências simples ou sofisticadas, elementares ou avançadas. Ler e digitar um e-mail, ler o editorial de um jornal e depois ler uma crítica a esse editorial... e aprender a escrever editoriais; ler uma carta de recomendação e em seguida escrever com melhorias essa carta de recomendação; ler (ou escrever) um artigo científico, ler (ou criar) um texto de marketing, ler (ou redigir) um contrato comercial, ler (ou produzir) um manual de instruções, ler (ou elaborar) o verbete de um dicionário, ler (ou compor) um poema, e por aí vai.

Aspecto inegociável do letramento é a compreensão. Como leitor ou como escritor, preciso ir em busca da clareza, da elucidação e do rigor. Até mesmo a ambiguidade, se estiver presente, deverá ser identificada claramente como ambiguidade!

"A CLAREZA E A EXATIDÃO SÃO OS DOIS COMPONENTES MAIS FORTES DA VERDADE."
(Eva Heller)

No *Dicionário em construção*, organizado pela professora Ivani Fazenda, o verbete "literacia" é assinado por Maria de Nazaré Trindade. O termo está diretamente traduzido do inglês *literacy* ("qualidade de letrado"), mas é sinônimo de "letramento".

Maria de Nazaré explica que já não se usa o termo apenas no singular. Não se trata de literacia, mas de literacias, de letramentos:

Deparamo-nos hoje, frequentemente, com os conceitos de literacia científica (e, dentro desta, a literacia matemática), literacia cultural, visual, tecnológica (e, dentro desta a computacional), literacia intergeracional etc. O conceito surge assim de tal forma alargado, que já não tem sentido utilizar o singular, na medida em que múltiplos pressupostos estão agora subjacentes à sua definição. Este conceito tem, obrigatoriamente, de atender a diferentes culturas, áreas diversificadas do saber e múltiplas fontes de informação.

Tais considerações sobre multiletramentos sugerem novas abordagens didáticas, mais abertas e flexíveis, que auxiliem os alunos a conhecerem não só o "certo" e o "errado" da leitura e da escrita (e é certo saber o que é "errado" e "certo", para efeitos de gramática normativa), mas aprendam também a mover-se nos diferentes âmbitos sociais, culturais, regionais, profissionais etc.

Graças a uma pedagogia dos multiletramentos, olharemos com serenidade as diversas finalidades públicas que envolvem a prática da leitura e da escrita.

SUGESTÃO

> Leia e escreva textos diferentes daqueles com que você trabalha habitualmente.

Literatura

No seu instigante livro *Literatura para quê?*, Antoine Compagnon observa que uma das utilidades, digamos assim, da literatura seria nos mostrar de maneira concreta, circunstanciada, aquilo de que os filósofos costumam falar.

Se os filósofos analisam o sentido da vida, Tolstói refere-se à vida e à morte de um personagem, um ser único, porém imaginado, em *A morte de Ivan Ilitch*. Um personagem que adoece de maneira fictícia e morre apenas como uma invenção literária. Contudo, os olhos "brilhantes de medo e esperança" que Ivan Ilitch ostenta quando pergunta ao médico se haveria possibilidade de cura, esses olhos igualmente fictícios, concebidos pelo autor, são a expressão da realidade, da nossa realidade, da minha realidade de ser humano que anseia pela saúde e teme a morte inevitável.

A vida é diferente da literatura. No entanto, parece que os detalhes da vida, de um modo geral, nos passam despercebidos, ao passo que na literatura todos esses detalhes se tornam visíveis, como nos mostra o escritor e crítico literário James Wood:

A literatura nos ensina a notar – a notar como minha mãe costuma enxugar a boca antes de me beijar; o som de britadeira que faz um táxi londrino quando o motor a diesel está em ponto morto; os riscos esbranquiçados numa jaqueta velha de couro que parecem estrias de gordura num pedaço de carne; como a neve fresca "range" sob os pés; como os bracinhos de um bebê são tão rechonchudos que parecem amarrados com linha.

A literatura age, não como fuga da realidade, mas como uma forma de acessá-la. As "ilusões" que nos oferece são mais realistas do que a nossa percepção da realidade.

No conto *Galateia*, a estadunidense Madeline Miller retoma o mito grego de Pigmalião, o escultor apaixonado por sua obra-prima em mármore. A escultura viva é a mulher "admirada", "endeusada", "idolatrada", "adorada"… e "petrificada", transformada em objeto. Sua crescente consciência a respeito da tragédia que vivia retrata uma evolução não menos trágica. A manipulação amorosa inicialmente pode confundir-se com o amor, verdade intragável, até que lemos um conto e ele nos convence dessa verdade.

"SE ALGO APRENDI NA VIDA É QUE A LITERATURA É UM TESOURO A COMPARTILHAR."
(Benito Taibo)

O poder da literatura reside em nos distanciar ficcionalmente da realidade e nos fazer admirá-la sob novos ângulos. Regressando, após um tempo de leitura, ao nosso dia a dia, retornamos menos imediatistas, menos superficiais.

Em sua dimensão mais básica, literatura resume-se a designar o que se produz com letras. A palavra "literatura" surge em expressões referentes ao que está escrito: "literatura pedagógica", "literatura médica", "literatura científica", "literatura jurídica", "literatura esportiva" etc. Já é alguma coisa, mas literatura como arte literária propriamente dita é o que nos interessa.

Num texto clássico sobre o direito à literatura, Antonio Candido definia literatura como manifestação essencial da condição humana, abrangendo "todas as criações de toque poético, ficcional ou dramático em todos os níveis de uma sociedade", o que inclui lendas, narrativas folclóricas, chistes de um lado, e, em contraste, complexas formas de produção escrita como *A divina comédia*, de Dante; *Fausto*, de Goethe; *Os lusíadas*, de Camões; *Dom Quixote*, de Cervantes.

SUGESTÃO

Seja realista: leia romances, contos e poemas.

Livrarias

Para Clarice Lispector, a felicidade de ler à vontade, na infância, estava associada à sorte que toda criança devoradora de histórias gostaria de ter: um pai dono de livraria.

Também no imaginário de Adélia Prado há uma livraria. Ela pede a Deus paciência para pôr um vestido novo e ficar na porta da livraria oferecendo seu livro de poemas. Nessa humilde mendicância inversa, reconhece: para uns, seu livro é flor de trigo; para outros, nem comida é.

Numa livraria, saciamos nossa fome de leitura. E de encontros.

Machado de Assis escreveu uma bela crônica sobre uma livraria (e editora), ponto de referência para os amantes da literatura, sobretudo na segunda metade do século XIX, no Rio de Janeiro. Chamava-se Livraria Garnier. Editou e vendeu os livros do próprio Machado e de escritores como Joaquim Manuel de Macedo, José de Alencar, Olavo Bilac, João do Rio. No seu catálogo, encontramos obras pioneiras como o dicionário biográfico *Mulheres ilustres do Brasil*, organizado pela abolicionista baiana Inês Sabino, e numerosos títulos sobre religião, filosofia, direito, política, livros escolares para crianças, além de romances traduzidos de autores como Balzac, Eugène Sue, Alexandre Dumas, Charles Dickens, entre outros.

Na bela (e triste) crônica de Machado, publicada em jornal em 8 de outubro de 1893, o autor de *Dom Casmurro* lamentava a morte do amigo Baptiste-Louis Garnier, falecido uma semana antes. E descreve a falta que a livraria lhe faria dali em diante:

> *Não é mister lembrar o que era essa livraria tão copiosa e tão variada, em que havia tudo, desde a teologia até a novela, o livro clássico, a composição recente, a ciência e a imaginação, a moral e a técnica. Já a achei feita; mas vi-a crescer ainda mais, por longos anos. Quem a vê agora, fechadas as portas, trancados os mostradores, à espera da justiça, do inventário e dos herdeiros, há de sentir que falta alguma cousa à rua.*

"UMA LIVRARIA É O LUGAR ONDE O CÉU E A TERRA SE ENCONTRAM."
(George Whitman)

Um bairro sem livrarias, uma cidade sem livrarias... têm uma profunda lacuna a preencher. Falta-lhes um lugar em que possamos fazer uma experiência única e repetir essa experiência sem cansar-se dela. A experiência de encontrar e reencontrar centenas de autores, vivos uns, outros mortos, ou, na verdade, todos eles vivos para sempre em seus livros.

Há uma tradição em torno das livrarias que não podemos perder de vista: a livraria como lugar de encontro e de conversa. Os livros atraem leitores. E os leitores dialogam com outros leitores sobre os livros. As livrarias não são apenas um local onde o livro, como mercadoria, é exposto e vendido. Não nos reduzamos a meros clientes nem reduzamos os livros a objetos comerciais.

O poeta maranhense Ferreira Gullar conta numa de suas crônicas como conheceu pessoalmente Carlos Drummond de Andrade... dentro de uma livraria carioca:

> *Um dia, na livraria Agir, lhe fui apresentado por José Condé. Conversava com outros escritores e mal tomou conhecimento de mim. Achei natural, pois já sabia que era tímido e pouco expansivo. Eu não era muito diferente.*

Embora tímidos e pouco expansivos, lá estavam Ferreira Gullar e Carlos Drummond de Andrade, numa livraria, conversando com outros escritores.

SUGESTÃO

Visite livrarias com frequência.

Livro

"Biblioclastia", palavra pouco empregada, expressa com exatidão um antigo e ainda atual comportamento: a destruição raivosa de livros.

O escritor venezuelano Fernando Báez, em seu livro *História universal da destruição dos livros*, faz algumas considerações interessantes sobre o desejo de eliminar objeto tão... inofensivo.

É que, de fato, inofensivos os livros não são! E quem quer destruí-los tem consciência do que pretende fazer. Odeia os livros sem remorso. Conhece o poder da palavra escrita, das ideias e imagens pulsantes em páginas encadernadas, dos argumentos escondidos nesses objetos comunicantes e transportáveis, capazes de enlouquecer um homem como Alonso Quijano, cujo cérebro foi envenenado por antigas histórias medievais. Quijano torna-se Dom Quixote de la Mancha, recruta como escudeiro um camponês chamado Sancho Pança, transforma um pangaré magro e enfraquecido em cavalo de guerra e vai pelo mundo a fim de extirpar a semente do mal em terras distantes.

Os livros de cavalaria fizeram de Quijano, homem pacato, um herói imaginário, um cavaleiro andante, "destruidor de agravos, endireitador de tortos, amparo das donzelas, assombro dos gigantes e vencedor das batalhas", como escreveu Cervantes ironicamente. Tais livros devem ser queimados!

Voltando à pesquisa do poeta e ensaísta Fernando Báez, constata ele que, ao longo da história, os conquistadores viam na queima das bibliotecas do inimigo uma forma de consagrar sua vitória. Queimando-se os livros do povo derrotado, queimava-se também sua capacidade de resistência cultural, sua memória, sua identidade.

E por que o biblioclasta usa o fogo para desfazer-se dos livros? Báez entende que o fogo, elemento essencial na vida das civilizações, tem dupla função. Pode ajudar no preparo do alimento e no combate ao inimigo, iluminar o caminho à noite e afugentar animais perigosos, honrar a divindade e aquecer os corpos durante o inverno. Ao incinerar livros, o ser humano exerce esse poder maior. Sente-se quase um deus.

"TUDO, NO MUNDO, EXISTE PARA CHEGAR A UM LIVRO."

(Stéphane Mallarmé)

Em lugar diametralmente oposto ao biblioclasta, contemplamos o bibliófilo.

Um dos amigos do livro mais conhecidos (e um dos mais idolatrados pelos próprios bibliófilos) foi Ricardo de Bury, escritor inglês, monge beneditino no século XIV, um dos primeiros colecionadores de livros da Inglaterra. Seu livro *Philobiblon* ("o amigo do livro", em grego) é considerado o primeiro texto dedicado ao elogio do livro, ou, pelo menos, uma das melhores obras medievais sobre gestão de bibliotecas, com regras para a retirada de livros e recomendações práticas para o cuidado do acervo, lembrando que, naquela sua época, tratava-se de manuscritos em pergaminho, com capas de madeira.

Este monge amante dos livros talvez os ouvisse falar, uma vez que lhes dá a palavra neste seu ensaio. Os livros se queixam daqueles que os maltratam e dos biblioclastas, que os queimam, em referência ao incêndio da Biblioteca de Alexandria:

> *Certamente não alcançamos lamentar com o devido luto todos os livros que pelo mal das guerras pereceram em diversas partes do mundo. Contudo, lembramos com pena trêmula a horrível ruína que por soldados auxiliares se fez no Egito na segunda guerra alexandrina, quando setecentos mil volumes queimaram nas chamas.*

SUGESTÃO

Converse com os livros. Eles ouvem e falam.

Long-sellers

Não há regras infalíveis na vida editorial. O imponderável está sempre presente nas escolhas de publicação. O que será um sucesso de vendas, um *best-seller*? Que título será um fracasso absoluto, um *anti-seller*? E que livro venderá por muitos anos, um *long-seller*?

O grande editor alemão Friedrich A. Brockhaus (século XIX) estabelecera um critério: "A cada vinte empreendimentos, em dez teremos prejuízo, em cinco haverá empate entre investimento e retorno, em quatro conseguiremos um pequeno lucro e em um desses vinte ganharemos muito bem!".

Dentre os maiores fracassos de Brockhaus consta o livro *O mundo como vontade e representação*, de Arthur Schopenhauer. Publicada em 1819, essa obra erudita (e pretensiosa) tornou-se um clássico da filosofia alemã. No primeiro momento, foi uma decepção comercial. Da tiragem de 800 cópias, após um ano e meio, foram vendidos apenas cerca de 100 exemplares. Uma década depois, o modesto estoque ainda não tinha se esgotado.

No entanto, a última obra de Schopenhauer, *Parerga e paralipomena* (com mais de 1.000 páginas, também publicada pela Brockhaus, em 1851), alcançou um sucesso inaudito. Vencendo o anonimato, o filósofo usufruiu finalmente de reconhecimento nacional e internacional até o seu falecimento, em 1860, aos 72 anos de idade.

O livro é um bem comercial. Aos olhos dos educadores, é sobretudo um bem cultural. Nos *long-sellers*, os dois pontos de vista se complementam. Trata-se de livros sem prazo de validade. Serão sempre fonte de inspiração e entusiasmo para leitores novos e antigos. E serão um produto que editoras e livrarias continuarão vendendo por muito tempo.

"TODA RELEITURA QUE FAZEMOS DE UMA OBRA É TAMBÉM UM REENCONTRO."

(Joana Ribeiro dos Santos)

Quais as características concretas de um *long-seller*? Se um *best-seller* continua sendo campeão de vendas durante mais de três anos, poderemos elevá-lo à categoria de um *succès durable*, como dizem os franceses? Que exemplos de "sucessos duradouros" classificaríamos como leituras para várias gerações?

Numa lista de *long-sellers* com obras publicadas há menos de um século, mas que continuam sendo adquiridas por expressivo número de leitores, alguns títulos são inquestionáveis. *O pequeno príncipe*, de Antoine de Saint-Exupéry, é um deles. Veio à luz em 1943. É o livro não religioso mais traduzido no mundo. Já vendeu um número superior a 200 milhões de exemplares, em praticamente todos os idiomas.

O hobbit, do professor e filólogo britânico J. R. R. Tolkien, publicado em 1937, com tiragem inicial de 1.500 exemplares, é outro candidato à nossa lista de *long-sellers*. Desde sua publicação, terá vendido cerca de 100 milhões de cópias. Vendeu em torno desse mesmo número um livro lançado em 1939, da autora, também britânica, Agatha Christie: *E não sobrou nenhum*. Duas obras de gêneros bem diferentes. *O hobbit*, do gênero fantasia. *E não sobrou nenhum* é um romance policial.

Entre os brasileiros, *O alquimista*, de Paulo Coelho, de 1988, vendeu mais 150 milhões de exemplares em mais de 100 países. Sem ostentar cifras tão impressionantes, outros títulos, com qualidade literária muito superior, têm vencido a batalha contra a passagem do tempo: *A hora da estrela* (1977), de Clarice Lispector; *Grande sertão: veredas* (1956), de Guimarães Rosa; *Capitães da areia* (1937), de Jorge Amado; e *Vidas secas* (1938), de Graciliano Ramos.

SUGESTÃO

Releia os seus livros preferidos.

Metáfora

Toda metáfora é uma transposição de significado.

Quando dizemos que "a violência é um câncer na sociedade", estamos transpondo o significado destrutivo e agressivo da doença que atinge um corpo humano para o contexto da sociedade, vista como "corpo social".

Ou quando, diante de um artista consagrado, dizemos que ele "chegou ao cume da sua arte", estamos transpondo o significado do ponto mais alto da montanha para o contexto de uma biografia, como se tivéssemos que "escalar" a vida.

Utilizamos ou inventamos metáforas sem perceber. Mais comumente nós herdamos metáforas sem saber que o são. A metáfora está na origem e no desenvolvimento da linguagem humana. Sob as camadas de uso cotidiano das palavras, encontramos verdadeiros fósseis linguísticos que a retórica classifica como catacreses. Fósseis que continuam vivos, porém.

Cercados por metáforas e catacreses, fazemos todo tipo de transferências de significado em expressões como "pele do tomate" (tomate não tem pele, tem casca), "maçã do rosto" (rosto não tem maçã, tem uma parte saliente), "cortina de fumaça" (fumaça não é pano), "coroa do abacaxi" (abacaxi não é rei), "asas da imaginação" (imaginação não é pássaro), "embarcar no avião" (avião não é barco) etc.

A leitura interpretativa das metáforas nos faz pensar, sentir, lembrar e imaginar para além do que é literal.

"MAS TUDO TEM QUE SER METÁFORA DE ALGO? TUDO TEM QUE SER METÁFORA DE OUTRA METÁFORA DE OUTRA METÁFORA?"

(Darío Sztajnszrajber)

No livro *Vamos pensar em metáforas?*, Heronides Moura desnuda os segredos da metáfora (embora metáfora não use roupas...), demonstrando que uma forma de metaforizar é relacionar realidades diferentes, mas próximas entre si. Logo, podemos dizer que "essa universidade é um circo" (embora ninguém ali seja malabarista ou palhaço), que "essa escola é um hospício" (embora ninguém ali tenha ensandecido), ou que "ensinar é um sacerdócio" (embora ninguém ali atue como sacerdote ou sacerdotisa).

A arte literária é fonte interminável de metáforas novas, que revigoram a linguagem, afastando-nos da banalidade. Heronides lança mão do neologismo "metaforês" para designar esse misterioso idioma feito de metáforas que escritores e poetas empregam em suas obras.

Graças ao metaforês, não dizemos as coisas direta e literalmente. A metáfora é um atalho – mas aqui não se refere a caminhos ou estradas, a não ser que estejamos, de novo, falando metaforicamente –, um atalho que nos impulsiona a dar um salto (mas não se trata de uma competição de salto em altura) e, desse modo, acertamos na mosca (sem matar nenhum inseto), indicando com precisão aquilo que desejamos expressar.

Por outro lado, evitemos comprar gato por lebre (embora não estejamos em um *pet shop*). Metáforas têm suas limitações, como as que José Sérgio Carvalho analisa no livro *Por uma pedagogia da dignidade*. Metáforas educacionais, diz ele, podem ser proveitosas, mas também podem obscurecer aquilo que se queria ressaltar.

Pensemos, por exemplo, na antiga metáfora que descreve a criança como uma planta em crescimento e os professores como jardineiros. Faz sentido? Não estaríamos reduzindo os alunos a seres passivos e os professores a meros cuidadores?

SUGESTÃO

Anote e reflita sobre as metáforas educacionais que você conhece.

Personagens

A filósofa Blakey Vermeule define os personagens literários como telescópios que nos oferecem imagens ampliadas de características humanas que talvez nos passem despercebidas.

Mas ela também os compara com a areia movediça, e nessa areia nós nos afundamos, penetrando na complexidade psicológica de um Hamlet, um Otelo, um Macbeth (personagens de Shakespeare), de um Adrian Leverkühn (protagonista de *Doutor Fausto*, de Thomas Mann), de uma Lóri (do romance *Uma aprendizagem ou o livro dos prazeres*, de Clarice Lispector), de uma Diadorim e de um Riobaldo (em *Grande sertão: veredas*, de Guimarães Rosa), para citar alguns poucos exemplos.

Nas considerações que faz acerca da criação de personagens literários, Antonio Candido afirma que um personagem pode nos parecer mais real do que uma pessoa humana concreta, verdadeira, pois desta, que é verdadeira, temos um conhecimento parcial, limitado e relativo, ao passo que podemos saber praticamente tudo a respeito de um personagem inventado, seus pensamentos, intenções, desejos, remorsos etc.

Os pensamentos de um personagem podem recuar e avançar no presente e no passado. Como leitores, podemos "congelar" uma ideia que o personagem teve e contemplá-la durante o tempo que quisermos. Há quem diga (em segredo, para si mesmo) que gostaria de ser esse ou aquele personagem.

"MEUS PERSONAGENS IMAGINÁRIOS ME AFETAM, ME PERSEGUEM, OU MELHOR, SOU EU QUE ESTOU NELES."
(Gustave Flaubert)

Ou podemos tentar compreender o incompreensível Bartleby, um dos personagens mais estranhos da literatura do século XIX.

No genial conto *Bartleby, o escrivão*, Herman Melville retrata um homem de aparência serena que subitamente recusa-se a trabalhar. O narrador (que é o chefe de Bartleby) experimenta um misto de crescentes perplexidade, raiva e compaixão. De onde terá vindo aquele sujeito, cuja indiferença cadavérica parecia invencível? Como suportar a sua mansidão amedrontadora?

Impressionado pelo personagem, Enrique Vila-Matas identificou como "síndrome de Bartleby" o mal que ataca alguns literatos, lançando-os numa improdutividade por vezes definitiva. Para Julio Groppa e Sandra Corazza, essa síndrome também afeta alguns alunos que passam as aulas olhando o vazio, sem nada produzir.

Mais do que seres de carne e osso, certos personagens da ficção, muito bem construídos, tornam-se realidade viva para algumas pessoas, como nos relata Alberto Manguel, um formador de leitores, em *O leitor como metáfora*:

Há leitores para os quais o mundo na página adquire tamanha vivacidade, tamanha verdade, que suplanta o mundo dos sentidos racionais. Excluindo os casos clínicos, todo leitor já sentiu, ao menos uma vez, o poder avassalador de uma criatura de palavras, apaixonando-se por certo personagem, detestando visceralmente outro, tendo a esperança de emular um terceiro. Santo Agostinho nos conta que, em sua juventude, chorou pela morte de Dido. Os vizinhos de Robert Louis Stevenson em Samoa imploraram para que ele lhes mostrasse a garrafa em que guardava o diabo. E ainda hoje os Correios de Londres recebem cartas endereçadas ao Sr. Sherlock Holmes no número 221B da Baker Street.

Segundo uma lenda literária, o escritor francês Honoré de Balzac, à beira da morte, chamava insistentemente por um médico, o Dr. Bianchon, um dos inumeráveis personagens de sua *Comédia humana*. Seria aquele o único médico em que Balzac realmente confiava?

SUGESTÃO

Crie um personagem fictício,
imaginando sua aparência física e
alguns traços de personalidade.

Poesia

A literatura, para a filósofa irlandesa Iris Murdoch, é, sem dúvida, a arte mais importante para a nossa salvação como seres humanos, na medida em que as palavras "constituem o símbolo mais refinado, delicado e detalhado de expressão que possuímos em nossa existência".

No âmbito da literatura, a poesia surge como um espaço singular, "no qual não pertencemos totalmente a nada e temos a liberdade de realizar tudo", conforme disse certa vez, numa entrevista, o poeta argentino Hugo Mujica.

Aliás, em razão de sua formação filosófica, Mujica desenvolve uma reflexão pessoal sobre a poesia e a define com economia de recursos e riqueza de sentido nesses dois versos: "A história do silêncio são as palavras / a escuta desse silêncio é a poesia".

Também a pensadora alemã Hannah Arendt olha para a poesia filosoficamente. Em seu livro *A condição humana*, escreve:

> *A poesia, cujo material é a linguagem, é talvez a mais humana e a menos mundana das artes, aquela cujo produto*

final permanece mais próximo do pensamento que o inspirou. A durabilidade de um poema resulta da condensação, de modo que é como se a linguagem falada com extrema densidade fosse poética por si mesma.

Essa densidade poética diz respeito à profundidade emocional e à complexidade de conteúdo, sem que isso implique uma linguagem afetada e pedante. Ao contrário, os melhores poemas, mesmo os mais ricos em metáforas e alusões, mesmo os que exigem uma interpretação sutil, estão ao nosso alcance.

Por outra parte, precisamos de educação poética para saborear melhor a poesia. Tal educação não se dá sem o contato vivo com a obra de poetas contemporâneos e antigos. A leitura de poesia não é uma leitura qualquer. Nela ocorre uma comunicação íntima entre a sensibilidade do poeta e a de quem lê o poeta.

"A POESIA É UM CANTO QUE BROTA DOS ABISMOS."
(Albert Béguin)

A melhor maneira de aprender a ler poesia… é ler poesia com interesse e intensidade.

Para Umberto Eco, um dos mais belos poemas do romantismo italiano era uma canção de amor da autoria de Giacomo Leopardi (século XIX), intitulada "Para Silvia", que nos faz recordar a beleza da juventude e a inevitabilidade da morte. Silvia é a jovem que simboliza essa beleza e a brevidade da vida. Algo de divino se percebe na risonha juventude que, no entanto, terminará consumida pela passagem do tempo ou por algum infortúnio.

Eis a primeira estrofe do poema em italiano (com a tradução ao lado):

Silvia, rimembri ancora	*Silvia, recordas ainda*
quel tempo della tua vita mortale,	*aquele tempo da tua vida mortal,*
quando beltà splendea	*quando a beleza resplendia*
negli occhi tuoi ridenti e fuggitivi,	*em teus olhos risonhos e esquivos,*
e tu, lieta e pensosa, il limitare	*e tu, alegre e pensativa, o umbral*
di gioventù salivi?	*da juventude alcançavas?*

Eco, em breve análise da composição, observa que Leopardi inicia a estrofe com o vocativo *Silvia* e a conclui com *salivi* (imperfeito do verbo italiano *salire*), anagrama perfeito de *Silvia*. Obcecado pelo doce nome da jovem, o poeta – não sabendo, mas sabendo, sem querer, mas querendo – "esconde" esse nome numa forma secreta, enigmática, pois deseja guardá-lo a salvo da morte.

SUGESTÃO

Dê uma chance à poesia.

Prosa

O bom prosador é tão criativo quanto um bom poeta. A grande prosa é tão reveladora quanto a grande poesia.

Prosa e poesia podem conjugar-se numa só "proesia", conceito que se difundiu a partir da década de 1970 em entrevistas do compositor Caetano Veloso e em trabalhos de críticos literários como Gilberto Mendonça Teles e Augusto de Campos. Um exemplo formidável de proesia é o livro *Galáxias*, publicado em 1984, de Haroldo de Campos, escritor cujo nome está associado a ousadas experiências literárias.

Vários estudiosos não consideram a proesia algo exclusivo dos tempos atuais, em que as fronteiras entre os significados tendem a se flexibilizar. No estilo de autores de todos os tempos é possível detectar uma síntese entre prosa e poesia, como a cultivada por Heráclito e Platão, Pascal e La Rochefoucauld, Schopenhauer, Nietzsche e Cioran.

Prosadores com alma de poeta em geral gostam de "inventar linguagem", dizia Vinicius de Moraes. Ele próprio, Vinicius, conhecido como o "poetinha", praticava a prosa poética como bom discípulo de Baudelaire, Verlaine e Rimbaud.

Contudo, a prosa tem sua especificidade: captar a realidade de modo direto e claro. Há uma beleza própria da prosa. E ninguém melhor do que outro praticante da prosa poética, Mário Quintana, para nos falar a respeito:

> *E eis que um dia os poetas, para exorcizar a incontinência oral dos românticos e as imponderáveis nuanças dos simbolistas, puseram-se a elevar colunas, pórticos, arcos de triunfo, tudo em plena luz meridiana e bebendo leite, muito leite…*
>
> *E escreveram assim umas coisas que tinham as características da mais bela prosa: a precisão de termos, o desenvolvimento lógico, a correção de linguagem.*

São essas as três principais características de uma prosa de sóbria beleza: precisão, lógica e correção.

"A MELHOR PROSA ESTÁ PLENA DE POESIA."
(Virginia Woolf)

Escrever com precisão é deixar explícito aquilo que se pretende comunicar. A pontuação exata ajuda muito. As vírgulas, por exemplo, são sinais orientadores para uma leitura sem tropeços. Schopenhauer, com evidente exagero, dizia que era um crime não colocar num texto as vírgulas necessárias. Frases curtas também contribuem para a boa compreensão do texto.

Precisamos ser precisos.

A lógica de um texto depende da lógica presente na mente do escritor. "Lógica" é o que faz sentido para quem escreve e para quem lê. Isso não significa ter a mesma opinião a respeito de um assunto ou compartilhar obrigatoriamente crenças e ideologias. Se uma opinião contrária à minha tem o seu porquê, devo reconhecer que não se trata de algo absurdo.

Todo pensamento, em princípio, tem a sua lógica.

Uma prosa pode ser gramaticalmente correta por obedecer às regras que conferem clareza ao texto. Há, por exemplo, grande diferença entre escrever "os dois aprendiam tudo" e "os dois aprendíamos tudo". Também correta é a prosa que não fere a conhecida (e sempre esquecida) regra de ouro da ética universal: "não faças ao outro o que não queres que o outro te faça".

Cabe aqui uma adaptação: "não escrevas sobre os outros o que não queres que os outros escrevam sobre ti".

SUGESTÃO

Valorize um texto em prosa bem escrito.

Tradução

A escritora são-tomense Olinda Beja é autora de um sugestivo conto intitulado "O tradutor ideal". A narrativa é breve. Tendo recebido a missão de explicar a soldados de São Tomé e Príncipe o significado do dia 10 de junho (Dia nacional de Portugal, de Camões e das Comunidades Portuguesas), o capitão português empolgou-se e discursou durante uma hora e meia diante da tropa entediada. Ao final da arenga, ouvindo aplausos muito pouco efusivos entre os nativos, o capitão perguntou a razão daquele desânimo. Seria o povo dali tão "angolar", isto é, "atrasado", "rústico", na visão do estrangeiro?

A solução seria traduzir para a língua deles o patriótico discurso. Um soldado bilíngue é convocado. Alguns minutos depois, o clima era outro: aplausos fortes, gritos de satisfação. Ora, como teria sido possível traduzir em poucos minutos o que levara hora e meia para ser comunicado na peça de oratória do capitão? Este, indignado, obrigou o subalterno a justificar-se. A resposta conclui o conto:

– Meu capitão, eu disse a eles que nosso capitão disse que neste dia faz anos que morreu em Portugal um poeta tão

famoso, tão famoso, que escreveu coisas tão lindas, tão lindas, que por causa dele é que hoje vamos ter rancho melhorado. Vamos comer feijão com milho.

Afora a ironia do relato, no qual se constata a total ausência de sintonia entre duas culturas, o tradutor ideal que a autora nos apresenta é aquele que, assumindo a autoria do texto de chegada (o rápido e objetivo discurso do soldado em idioma são-tomense), obtém os efeitos supostamente perseguidos pelo texto de partida (o longo e arrogante discurso do capitão em língua portuguesa).

É recorrente discutirmos acerca do grau de liberdade na arte de traduzir. Até onde o tradutor pode criar, sem deturpar o conteúdo do texto-fonte? É melhor multiplicar as notas de rodapé, admitindo-se que certos termos são intraduzíveis e mantendo-os *ipsis litteris*, ou, ao contrário, propor no texto-alvo soluções tradutórias distantes do significado original?

Um dos casos mais conhecidos entre nós foi a tradução do verbo *apprivoiser* por "cativar", em *O pequeno príncipe*. Ao tomar essa decisão, Dom Marcos Barbosa, o primeiro tradutor brasileiro dessa obra, driblava significados óbvios como "domar" e "domesticar", porém menos poéticos, no famoso trecho em que a raposa diz ao menino que este será eternamente responsável pelos amigos… domesticados, se formos literalmente fiéis ao texto de Saint-Exupéry!

"A QUESTÃO ORIGINAL DE TODO TRADUTOR É: 'COMO LER?'. AO TRADUZIR, ELE DÁ A SUA RESPOSTA."

(Charles Le Blanc)

Graças aos tradutores, temos acesso a livros escritos em idiomas que desconhecemos. Além disso, porém, verifica-se no próprio idioma para o qual se traduz uma espécie de suplementação. É o que pensa Jacques Derrida: "cada língua está como que atrofiada na sua solidão, magra, parada no seu crescimento, enferma". Em virtude das traduções que se fazem, o idioma "engorda", desenvolve-se, recebe ativamente experiências feitas em outros contextos linguísticos.

Do ponto de vista individual, cuidamos do nosso crescimento intelectual ao aprender novos idiomas. De qualquer modo, sempre será preciso recorrer a traduções, pois existem autores maravilhosos que escreveram em inglês, francês, italiano, espanhol, e em alemão (Goethe), em dinamarquês (Kierkegaard), em russo (Dostoiévski) etc.

SUGESTÃO

Ao procurar traduções, certifique-se de que o trabalho foi bem-feito.

Zeugma

Distinguir as figuras de linguagem revela um conhecimento literário condizente com o que se espera dos formadores de leitores. Tais figuras são recursos que, desviando-se muito ou pouco da rotina gramatical, criam efeitos de expressividade e atuam sobre a mente e sobre o estado de ânimo do leitor.

Metáfora, catacrese, hipérbole, ironia, eufemismo, antítese são algumas figuras de linguagem provavelmente mais conhecidas do que o zeugma, tema do último capítulo deste livro.

A palavra "zeugma" vem do grego e significa "junção".

O zeugma ocorre, por exemplo, quando dois verbos diferentes se unem a um mesmo sujeito: "José lê e escreve". Em nossa mente, sabemos que José "lê" e que o mesmo José "escreve". E nossa própria mente leitora aceita a não repetição de "José", pois se dá conta de que, logicamente, é o mesmo "José" quem lê e escreve.

Há uma decisão semântica por parte de quem escreve "José lê e escreve" e uma compreensão semântica por parte de quem entende o enunciado. Há igualmente uma captação do contexto: as atividades de José são a leitura e a escrita, simultaneamente.

Pode surgir algum tipo de estranheza, todavia, quando o termo de ligação não é tão apropriado, ao mesmo tempo, para os demais termos da frase. Quando se nota uma polissemia e, talvez, alguma incompatibilidade entre fatos e ideias. Quando o contexto se duplica, gerando perplexidade e outras emoções.

A afirmação de Brás Cubas de que "Marcela amou-me durante quinze meses e onze contos de réis" é um zeugma estético e humorístico. A quantidade de tempo (quinze meses) e a quantia de dinheiro (onze contos de réis) aparecem como complementos diferentes para a mesma preposição "durante", depois da qual espera-se uma informação ligada ao tempo e não ao dinheiro.

"O 'EU' É A UNIÃO, O ZEUGMA, DO CORAÇÃO COM A CABEÇA."
(Arthur Schopenhauer)

Conforme ensina José Luiz Fiorin em *Figuras de retórica*, o zeugma cria equivalências inusitadas. Para exemplificar, cita um verso de Fernando Pessoa (na verdade, de seu heterônimo Álvaro de Campos), no qual vemos a junção insólita de dois objetos: "Preciso de verdade e de aspirina".

O mesmo sujeito e o mesmo verbo unem entre si dois objetos díspares. O substantivo abstrato (verdade) e o substantivo concreto (aspirina) tornam-se um só objeto de necessidade, uma unidade semântica com forte impacto na leitura. O poeta sente-se doente, mas sua doença não é apenas física. É física, e por isso precisa da aspirina. E é metafísica. Por isso precisa da verdade.

O zeugma é "ligação", "ponte", no âmbito da linguagem. E do âmbito da linguagem pode "saltar" para o mundo da educação e da formação docente. Nas palavras de Schopenhauer, o "eu" é o zeugma que une as emoções e as ideias numa só pessoa. Inspirador, não?

De fato, cada um de nós precisa unir, conjugar, articular tudo o que é e tudo o que aprendeu até aqui. Cada um de nós precisa de verdade (saúde intelectual) e de aspirina (saúde física), de dinheiro (saúde financeira) e de amor (saúde afetiva).

Cada um de nós precisa decifrar seus próprios enigmas, alcançar sua própria plenitude, ou, como dizia o pensador alemão Romano Guardini, descobrir "sua própria senha".

SUGESTÃO

> Procure integrar em si as diferentes dimensões da sua vida.

Conclusão

Estima-se que desde o século XV até hoje foram publicados mais de 125 milhões de títulos, reunindo romances, poemas, ensaios, tratados filosóficos, estudos científicos etc.

Contemplar esse quase infinito acervo de cinco séculos de existência é como tentar abarcar o oceano em sua extensão e profundidade. Porque não se trata apenas das cópias, traduções e reedições desses 125 milhões de títulos. Trata-se de pensar no conteúdo de cada uma dessas obras, e, sobretudo, nas inúmeras possibilidades de leitura e interpretação que esse conteúdo oferece.

Pois bem! Nossa tarefa como leitores e educadores consiste em recolher dessa amplidão aquilo que corresponda à nossa vontade de aprender e ensinar. E que qualifique essa vontade.

Ninguém dá aquilo que não tem. Para orientarmos nossos alunos, precisamos nos orientar. Para sugerirmos livros e autores, precisamos, diariamente, ir ao encontro de autores e de livros. Ir ao encontro para ler as linhas e as entrelinhas. Para nos alfabetizarmos mais profundamente.

Uma das principais características da leitura educadora é nos alertar para o perigo de não ler. Ou de ler de modo superficial, evitando as ideias disruptivas, os convites à transformação pessoal.

Outra importante característica da leitura educadora: provocar o honesto e realista autoconhecimento. Quando nos identificamos com um personagem ou quando não nos identificamos com um personagem... em ambos os casos estamos fazendo descobertas sobre quem somos. Quando lemos um poema e nos emocionamos ou quando não nos emocionamos... em ambos os casos estamos diante de nós próprios, olho no olho.

Uma terceira característica: a leitura educadora não tem fim. É sempre um começar. E um começar que não cansa. Dizia um humorista que há livros que se esgotam e outros que esgotam os leitores. Na verdade, a vontade de ler (e de aprender a ler melhor), sendo cultivada, torna-se inesgotável, mesmo quando de vez em quando estamos esgotados.

E a leitura, por fim, consiste numa chance de transcendência. Transcendermos tempo e lugar, como confidenciava uma livreira francesa, Claude André, lembrando-se de um livro que descobrira na adolescência:

Meu livro preferido durante muito tempo, aquele que conseguiu mesmo fazer com que eu me esquecesse de que tinha lido outros, pois só me lembrava dele, era Os cinco, de Enid Blyton. [...] Eu punha o colchão e uma luminária debaixo da minha escrivaninha para ler em segredo: eu me instalava bem quentinha, a noite caía, as passagens secretas da velha casa abriam-se para mim e o mesmo vento soprava na ilha de Kernach e em torno do meu quarto. Eu era transportada. […] Ouvia soprar o vento na charneca e ao mesmo tempo estava abrigada.

Este livro que termina agora é apenas mais uma gota d'água no oceano das publicações. Nele se perde. E nele se encontra.

Bibliografia

ADLER, Mortimer J.; DOREN, Charles van. *Como ler livros: o guia clássico para a leitura inteligente.* Tradução de Edward Horst Wolff e Pedro Sette-Câmara. São Paulo: É Realizações, 2010.

ANDRADE, Carlos Drummond de. *Nova reunião: 23 livros de poesia.* São Paulo: Companhia das Letras, 2015.

ARENDT, Hannah. *A condição humana.* Tradução de Roberto Raposo. 11. ed. Rio de Janeiro: Forense Universitária, 2010.

ASSIS, Machado de. *Dom Casmurro.* São Paulo: Ática, 1996.

ASSIS, Machado de. *Memórias póstumas de Brás Cubas.* São Paulo: Moderna, 1999.

AZEREDO, José Carlos de. *Gramática Houaiss da língua portuguesa.* São Paulo: Publifolha, 2008.

BÁEZ, Fernando. *História universal da destruição dos livros: das tábuas sumérias à guerra do Iraque.* Tradução de Leo Schlafman. São Paulo: Ediouro, 2006.

BAGNO, Marcos. *Gramática pedagógica do português brasileiro.* São Paulo: Parábola, 2011.

BANDEIRA, Manuel. *Estrela da vida inteira.* 20. ed. Rio de Janeiro: Nova Fronteira, 1993.

BARROS, Daniel. *País mal educado: por que se aprende tão pouco nas escolas brasileiras?* Rio de Janeiro: Record, 2018.

BEJA, Olinda. *Pé-de-perfume.* Lisboa: Escritor, 2004.

BELL, James Stuart; DAWSON, Anthony P. *A biblioteca de C. S. Lewis: seleção de autores que influenciaram sua jornada espiritual*. Tradução de Almiro Pisetta. São Paulo: Mundo Cristão, 2006.

BETTO, Frei. *Alfabetto: autobiografia escolar*. São Paulo: Ática, 2002.

BURY, Ricardo de. *Philobiblon*. Tradução de Marcelo Cid. Cotia: Ateliê, 2007.

CALVINO, Italo. *Por que ler os clássicos*. 1. ed. Tradução de Nilson Moulin. São Paulo: Companhia das Letras, 1991.

CAMPIONI, Giuliano; D'IORIO, Paolo; FORNARI, Maria Cristina. *Nietzsches persönliche Bibliothek*. Berlim; Nova Iorque: Walter de Gruyter, 2003.

CANDIDO, Antonio *et al. A personagem de ficção*. São Paulo: Perspectiva, 2009.

CANDIDO, Antonio. *Vários escritos*. 4. ed. reorg. pelo autor. São Paulo: Duas Cidades; Rio de Janeiro: Ouro sobre Azul, 2004.

CARVALHO, José Sérgio. *Por uma pedagogia da dignidade: memórias e reflexões sobre a experiência escolar*. São Paulo: Summus, 2016.

CASTELLO, Luiz A.; MÁRSICO, Claudia T. *Oculto nas palavras: dicionário etimológico para ensinar e aprender*. Tradução de Ingrid Müller Xavier. Belo Horizonte: Autêntica, 2007.

CASTILLO, Ataliba T. de. *Nova gramática do português brasileiro*. São Paulo: Contexto, 2010.

CERVANTES, Miguel de. *Dom Quixote de la Mancha*. 2. ed. Tradução de Almir de Andrade e Milton Amado. Rio de Janeiro: Nova Fronteira, 2016.

COCTEAU, Jean. *A dificuldade de ser*. Tradução de Wellington Júnio Costa. Belo Horizonte: Autêntica, 2015.

COMPAGNON, Antoine. *Literatura para quê?* Tradução de Laura Taddei Brandini. Belo Horizonte: Editora UFMG, 2009.

COMPAGNON, Antoine. *O trabalho da citação*. Tradução de Cleonice P. B. Mourão. Belo Horizonte: Editora UFMG, 1996.

CORAZZA, Sandra; GROPPA, Julio Aquino (Orgs.). *Dicionário das ideias feitas em educação*. Belo Horizonte: Autêntica, 2011.

DAVID, Susan. *Agilidade emocional: abra sua mente, aceite as mudanças e prospere no trabalho e na vida*. Tradução de Cláudia Gerpe Duarte e Eduardo Gerpe Duarte. São Paulo: Cultrix, 2018.

DERRIDA, Jacques. *Torres de Babel*. Tradução de Junia Barreto. Belo Horizonte: Editora UFMG, 2002.

ECO, Umberto; CARRIÈRE, Jean-Claude. *Não contem com o fim do livro*. Tradução de André Telles. Rio de Janeiro: Record, 2010.

ECO, Umberto. *Confissões de um jovem romancista*. Tradução de Marcelo Pen. São Paulo: Cosac Naify, 2013.

ECO, Umberto. *Interpretação e superinterpretação*. Tradução de M.F., com revisão da tradução e texto final de Monica Stahel. 2. ed. São Paulo: WMF Martins Fontes, 2005.

FAZENDA, Ivani (Org.). *Dicionário em construção: interdisciplinaridade*. 2. ed. São Paulo: Cortez, 2002.

FEBVRE, Lucien; MARTIN, Henri-Jean. *O aparecimento do livro*. Tradução de Fulvia M. L. Moretto e Guacira Marcondes Machado. São Paulo: Unesp; Hucitec, 1992.

FIORIN, José Luiz. *Figuras de retórica*. São Paulo: Contexto, 2014.

FLAUBERT, Gustave. *Dicionário das ideias feitas*. Tradução de Cristina Murachco. São Paulo: Nova Alexandria, 1995.

GREENE, Graham. *La infancia perdida y otros ensayos*. Tradução de Jaime Zulaika. Barcelona: Seix Barral, 1986.

GULLAR, Ferreira. *Melhores crônicas*. Seleção e organização de Augusto Sérgio Bastos. São Paulo: Global, 2004.

GUTMAN, Laura. *A maternidade e o encontro com a própria sombra*. 9. ed. Tradução de Luís Carlos Cabral e Mariana Laura Corullón. Rio de Janeiro: BestSeller, 2016.

HAN, Byung-Chul. *Louvor à Terra: uma viagem ao jardim*. Tradução de Lucas Machado. Petrópolis: Vozes, 2021.

INSTITUTO PAULO MONTENEGRO. ONG Ação Educativa. *Indicador de alfabetismo funcional: estudos preliminares.* São Paulo: IPM, 2018.

JOBIM, José Luís (Org.). *A biblioteca de Machado de Assis.* Rio de Janeiro: Topbooks, 2001.

KERBAKER, Andrea. *Dez mil: autobiografia de um livro.* Tradução de Mario Fondelli. Rio de Janeiro: Rocco, 2005.

LASEVICIUS, Ana; PERISSÉ, Gabriel. *Consoanteira.* São Paulo: Moderna, 2018.

LASEVICIUS, Ana; PERISSÉ, Gabriel. *Pé de ká-dábliu-ípsilon.* São Paulo: Moderna, 2018.

LASEVICIUS, Ana; PERISSÉ, Gabriel. *Vogueira.* São Paulo: Moderna, 2018.

LAUXMANN, Frieder. *Das Philosophische ABC.* Munique: Deutscher Taschenbuch, 2000.

LECLERC, Yvan. *La Bibliothèque de Flaubert: inventaires et critiques.* Mont-Saint-Aignan: Presses universitaires de Rouen et du Havre, 2001.

LISPECTOR, Clarice. *A descoberta do mundo.* Rio de Janeiro: Rocco, 1999.

MAGNAVACCA, Silvia. *Léxico técnico de filosofía medieval.* Madrid: Miño y Dávila, 2005.

MANGUEL, Alberto; GUADALUPI, Gianni. *Dicionário de lugares imaginários.* Tradução de Pedro Maia Soares. São Paulo: Companhia das Letras, 2003.

MANGUEL, Alberto. *Leitor como metáfora: o viajante, a torre e a traça.* Tradução de José Geraldo Couto. São Paulo: Edições Sesc, 2017.

MANGUEL, Alberto. *Uma história da curiosidade.* Tradução de Rita Almeida Simões. Lisboa: Tinta da China, 2015.

MEHLER, Horst. *How to Write a Best Seller: Secrets, Techniques and Success Formulas of Best-Selling Authors.* Los Angeles: Art Universe, 2001.

MELVILLE, Herman. *Bartleby, o escrivão.* Tradução de A. B. Pinheiro de Lemos. Rio de Janeiro: José Olympio, 2007.

MILLER, Madeline. *Galateia*. Tradução de Fernanda Cosenza. São Paulo: Planeta do Brasil, 2022.

MONTESSORI, Maria. *O segredo da infância*. Tradução de Jefferson Bombachim. Campinas: Kírion, 2019.

MOURA, Heronides. *Vamos pensar em metáforas?* São Leopoldo: Unisinos, 2012.

MUÑOZ, Agustín Mateos. *Etimologías latinas del español*. 19. ed. México: Esfinge, 1984.

MURDOCH, Iris. *La salvación por las palabras: ¿puede la literatura curarnos de los males de la filosofía?* Tradução de Carlos Jiménez Arribas. Madrid: Siruela, 2018.

NEVES, Maria Helena de Moura. *A gramática do português revelada em textos*. São Paulo: Unesp, 2018.

NUSSBAUM, Martha. *Sem fins lucrativos: por que a democracia precisa das humanidades*. Tradução de Fernando Santos. São Paulo: WMF Martins Fontes, 2015.

OUAKNIN, Marc-Alain. *Biblioterapia*. Tradução de Nicolás Niyimi Campanário. São Paulo: Loyola, 1996.

PENNAC, Daniel. *Como um romance*. Tradução de Leny Werneck. Rio de Janeiro: Rocco, 1993.

PEREIRA, Cristina Núñez; VALCÁRCEL, Rafael R. *Emocionário: diga o que você sente*. Tradução de Rafaella Lemos. Rio de Janeiro: Sextante, 2018.

PERISSÉ, Gabriel. *Introdução à filosofia da educação*. Belo Horizonte: Autêntica, 2008.

PERISSÉ, Gabriel. *Educação e espiritualidade*. Belo Horizonte: Autêntica, 2022.

PERISSÉ, Gabriel. *Penso, logo ensino*. Belo Horizonte: Autêntica, 2022.

PERISSÉ, Gabriel. *Uma pedagogia do corpo*. Belo Horizonte: Autêntica, 2020.

PETIT, Michèle. *Ler o mundo: experiências de transmissão cultural nos dias de hoje*. Tradução de Julia Vidile. São Paulo: Editora 34, 2019.

POUND, Ezra. *ABC da literatura*. Tradução de Augusto de Campos e José Paulo Paes. 12. ed. São Paulo: Cultrix, 2013.

PRADO, Adélia. *Poesia reunida*. Rio de Janeiro: Record, 2015.

QUIGLEY, Alex. *Closing the reading gap*. London: Routledge, 2020.

QUINTANA, Mário. *Poesia completa*. Organização de Tania Franco Carvalhal. Rio de Janeiro: Nova Aguilar, 2005.

RICCI, Luca. *Come scrivere un best seller in 57 giorni*. Roma-Bari: Laterza, 2009.

RODARI, Gianni. *Gramática da fantasia*. Tradução de Antonio Negrini. São Paulo: Summus, 1982.

ROSA, João Guimarães. *Ave, palavra*. 6. ed. Rio de Janeiro: Nova Fronteira, 2009.

RUSSELL, Bertrand. *ABC da relatividade*. Tradução de Maria Luiza X. de A. Borges. Rio de Janeiro: Zahar, 2005.

SACKS, Oliver. *Sempre em movimento: uma vida*. Tradução de Denise Bottmann. São Paulo: Companhia das Letras, 2015.

SAINT-EXUPÉRY, Antoine de. *O pequeno príncipe*. Tradução de Gabriel Perissé. Belo Horizonte: Autêntica, 2015.

SANTOS, Joaquim Ferreira dos. *As cem melhores crônicas brasileiras*. Rio de Janeiro: Objetiva, 2007.

SCHOPENHAUER, Arthur. *A arte de escrever*. Tradução de Pedro Süssekind. Porto Alegre: L&PM, 2007.

SÊNECA. *Sobre a brevidade da vida: sobre a firmeza do sábio*. Tradução de José Eduardo S. Lohner. São Paulo: Penguin Classics; Companhia das Letras, 2017.

SOARES, Magda. *Letramento: um tema em três gêneros*. Belo Horizonte: Autêntica, 2003.

SOTO, Eugenio Pérez; GUBERMAN, Marta. *Diccionario de logoterapia*. Buenos Aires: Lumen Humanitas, 2005.

STEINER, George. *Gramáticas da criação*. Tradução de Sérgio Augusto de Andrade. 1. ed. São Paulo: Globo, 2010.

TODOROV, Tzvetan. *A gramática do Decameron*. Tradução de Leyla Perrone-Moisés. São Paulo: Perspectiva, 1982.

TOLKIEN, J. R. R. *O hobbit*. Tradução de Lenita Maria Rimoli Esteves. 7. ed. São Paulo: WMF Martins Fontes, 2013.

TOLSTÓI, Liev. *A morte de Ivan Ilitch*. Tradução de Boris Schnaiderman. São Paulo: Editora 34, 2009.

TORGA, Miguel. *O outro livro de Job*. 4. ed. Coimbra: [Edição de autor], 1958.

VALLEJO, Irene. *O infinito num junco: a invenção dos livros no mundo antigo*. Tradução de Rita Custódio e Álex Tarradellas. Lisboa: Bertrand, 2020.

VAN ZANTEN, Agnès (Coord.). *Dicionário de educação*. Tradução de Giselle Unti e outros. Petrópolis: Vozes, 2011.

VERMEULE, Blakey. *Why do we care about literary characters?* Baltimore: The Johns Hopkins University Press, 2010.

VILA-MATAS, Enrique. *Bartleby e companhia*. Tradução de Maria Carolina de Araújo e Josely Vianna Baptista. São Paulo: Cosac Naify, 2004.

WOOD, James. *Como funciona a ficção*. Tradução de Denise Bottmann. São Paulo: Sesi-SP, 2017.

WOOLF, Virginia. *O sol e o peixe: prosas poéticas*. Tradução de Tomaz Tadeu. Belo Horizonte: Autêntica, 2015.

ZAMBRANO, María. *La razón en la sombra: antología crítica*. Madrid: Siruela, 2003.

Projeto da coleção

A coleção O valor do professor, concebida por Gabriel Perissé, é composta por 12 títulos, que abrangem diversas dimensões da realidade profissional dos professores e gestores educacionais:

Uma pedagogia do corpo	Corpo
Educação e espiritualidade	Espiritualidade
Penso, logo ensino	Inteligência
Leituras educadoras	Leitura
Falar bem e ensinar melhor	Oratória
Professores pesquisadores	Pesquisa
Convivência, política e didática	Política
Liderança: uma questão de educação	Liderança
Educação e sentido da vida	Sentido da vida
Educação financeira e aprendedorismo	Dinheiro e trabalho
As virtudes da educação	Ética
Ensinar com arte	Estética

O projeto editorial conjuga-se a um programa de formação docente continuada, individual ou coletiva, adaptável às condições concretas de uma escola, de uma universidade, de uma rede municipal de educação, de um sistema de ensino.

Baseada nos parâmetros e princípios da educação humanizadora, a formação integral e contínua propicia a nossos professores a autocompreensão e o decorrente aperfeiçoamento pessoal e profissional.

A proposta completa consiste em abordar os temas acima, ao longo de um a dois anos, em oficinas e/ou palestras, para que a reflexão em grupo sobre a realidade profissional dos professores leve à adoção consciente de atitudes que renovem pessoas e ambientes.

Informações adicionais

site www.gabrielperisse.com

lattes http://lattes.cnpq.br/4420556922540257

e-mails perissepalestras@uol.com.br

lerpensareescrever@hotmail.com

gentejovemeducacional@gmail.com

Este livro foi composto com tipografia Adobe Garamond Pro
e impresso em papel Off-White 80 g/m² na Formato Artes Gráficas.